Nicole Susann Ranke

Selbstliebe
leicht gemacht

WIE DU MIT DIESEN 9 GOLDENEN REGELN SOFORT LERNST, DICH SELBST ZU LIEBEN, UND NICHT MEHR IN DIE OPFER-ROLLE VERFÄLLST

Impressum

Bibliografische Information der Deutschen Nationalbibliothek:
Die Deutsche Nationalbibliothek verzeichnet diese Publikation in der Deutschen Nationalbibliografie; detaillierte bibliografische Daten sind im Internet über http://dnb.dnb.de abrufbar.

© 2020 Nicole Susann Ranke

1. Auflage: © Nicole Susann Ranke 06.01.2020 https://www.life-coach-ranke.de/impressum/

Lektorat / Korrektorat: Daniela Mertens
Satz / Layout: Katharina Georgi
Coverdesign: Nicole Susann Ranke
Bild: Pixabay

Herstellung und Verlag: BoD Books on Demand, Norderstedt
ISBN: 9783750 480353

Nicole Susann Ranke

Selbstliebe
leicht gemacht

WIE DU MIT DIESEN 9 GOLDENEN
REGELN SOFORT LERNST, DICH SELBST ZU LIEBEN, UND
NICHT MEHR IN DIE OPFERROLLE VERFÄLLST

Für alle Menschen, die lernen möchten, ein frei selbstbestimmtes und selbstbewusstes Leben zu führen, statt ihren Wert von anderen abhängig zu machen.

Inhalt

VORWORT:

Als Kind fragte ich mich oft, warum Menschen sind, wie sie sind. Ich beobachtete gern die Menschen um mich herum und sah schon frühzeitig Muster, die mir berechenbar zu sein schienen.

Viele Geschehnisse konnte ich schon sehr früh vorausahnen. Deshalb kamen auch Menschen zu mir, die älter waren als ich, um sich von mir Rat zu holen. Je älter ich wurde, umso häufiger und tiefgreifender wurden die Fragen, die aus meinem Umfeld zu den Themen Menschenkenntnis und Persönlichkeitseinschätzung an mich herangetragen wurden.

Meine Großeltern (mütterlicherseits) waren für mich prägend, da ich dort viel Zeit verbrachte. Meine Oma war eine sehr warmherzige und fürsorgliche Frau mit einer sehr sozialen Ader. Opa hatte viele geistreiche und hinterfragende Gedanken, womit er meinen analytischen Geist unterstützte und stärkte. Er forderte mich und die Geschwister meiner Mutter immer wieder dazu auf, alte Regeln nicht einfach anzunehmen, sondern zu hinterfragen und zu prüfen.

Konservative wie grenzwissenschaftliche Themen faszinierten ihn und oft haben wir auch in größerer Runde darüber philosophiert.

Opa glaubte an Telepathie. Solche Phänomene auch als Beobachtungen aus der Tierwelt, faszinierten ihn. Wie z. B. auch die besondere Intelligenz der Delphine oder die Übersinnlichkeit der Schamanen. Oft erzählte er von der Kraft der Naturheilkräuter und von neuen wissenschaftlichen Erkenntnissen. Auch, dass wir nur sehr wenig von unserem Gehirn tatsächlich bewusst nutzen, dass der überwiegende Teil unbewusst ist und Menschen durch Meditation gelernt hatten, ihren Körper in einer Weise zu beherrschen, z. B. gegen große Kälte resistent zu sein, lange ohne Nahrung auszukommen usw. Folglich diese Besonderheit auch in ihren Gehirnströmen messbar ist und erforscht wird.

Er spürte, dass ich von diesen übersinnlichen Wahrnehmungen und Interessen, an all diesen Themen, viel in mir trug und förderte mich darin, indem er erlaubte, dass meine gute Beobachtungsgabe und meine weniger leicht erklärbare Treffsicherheit, andere Menschen sehr genau einzuschätzen und deren Handlungen vorauszusagen, sich entwickeln konnten, ohne die Bodenhaftung und den Realitätssinn zu verlieren. In diesem geschützten Rahmen konnte ich mein Potenzial entwickeln. Mit 11 Jahren habe ich mich bereits intensiver mit psychologischen und philosophischen Ansätzen beschäftigt. Später befasste ich mich mit allen Formen der Religionen, ohne mich einer zugehörig zu fühlen oder mich ihr zu verschreiben. Ich fühlte, dass in allem und allen dieselbe Essenz schwingt und dass wir Menschen nur oft nicht in der Lage sind, diese verständlich auszudrücken. Jeder Mensch hat seine eigene Weltsicht entwickelt. Diese Weltsicht ist geprägt durch die frühkindlichen Glaubensansichten der Familie und des weiteren Umfeldes. Da jeder andere Erfahrungen macht und diese für sich anders bewertet, unterscheidet sich diese Sicht immer individuell von denen anderer, wenn auch nur in speziellen Teilen.

Mit 19 Jahren erlernte ich das Meditieren und erreichte damit Momente totaler Gedankenleere, die mit einem transzendenten Bewusstseinzustand einhergehen. In diesem innerlich leeren Sein, das voller Freude und Liebe ist, sah ich die Welt nochmal ganz neu und ohne die Beschränkungen, die wie Filter einer Kamera zuvor den komplexeren Blick auf die Welt eingeschränkt hatten. Plötzlich konnte ich mich in andere Menschen hineinversetzen, als schaute ich aus ihren Augen, und fühlte, was sie fühlen.

So wie andere Fernsehen schauen oder Romane lesen, verbrachte ich einen großen Teil meiner Freizeit damit, sehr viele Fachbücher über Buddhismus, [1]Signaturenlehre, Naturheilkunde und die Anfänge der Medizin zu lesen, wie sie sich in Urzeiten entwickelte und dann aufspaltete in Schul- und Alternativmedizin und wie sich zwischen diesen eine Konkurrenz abzeichnete. Diese Spaltung zwischen Schulmedizin und damals Dunkelfeldmikroskopie, aus der die Alternativmedizin entstand, versuchte ich dadurch zu verstehen, dass ich Bücher über alle möglichen Formen der Naturheilkunde las. Außerdem absolvierte ich die Ausbildung zur

Heilpraktikerin im Vollzeitkurs über 3 Jahre und erlernte dabei das Grundwissen der Schulmedizin. Weil mich das alles so faszinierte, verschlang ich weiter Bücher über die Biochemie des Menschen, über Hirnforschung, Semiotik, Mikromimik, Psychologie, Tiefenpsychologie, Traumaforschung und -heilung, Ernährung, Hypnose, Traumdeutung, Achtsamkeit und Coaching.

Mir wurde klar, dass wir Menschen wunderbare Geschöpfe der Natur sind, die meist ihr volles Potenzial nicht nutzen, weil die erlernten Muster wie eine Programmierung wirken und weil uns Zweifel und (oft falsche) Schlussfolgerungen davon abhalten, unsere wahre Natur als Schöpferwesen zu nutzen. Diese meist falschen Rückschlüsse lenken uns wie ständige Warnungen in Form von unbewussten Suggestionen. Was uns in der Vergangenheit anerzogen wurde, führen wir auch als Erwachsene fort, bis wir eine Ahnung davon bekommen, dass wir nicht unsere Gedanken und Muster sind, und bereit sind, uns selbst besser kennen zu lernen und zu heilen.

Oft hatte ich intuitiv das Empfinden, dass Emotionen eben kein guter Wegweiser sind, sondern eher ein Überbleibsel aus unverarbeiteten Restgefühlen aus vergangenen Erfahrungen, die zusammen mit Mustern im Geist und dem Körper abgespeichert sind und mit der aktuellen Situation oft nur wenig zu tun haben. Hast auch du schon die Erfahrung gemacht, dass dich alte Gefühle ausbremsen?

Durch Beobachtung meines Geistes lernte ich, diese Gefühle

und Gedanken anzunehmen und somit zu transformieren. So entstand eine meiner Basisübungen, die ich heute bei meinen Klienten anwende und Therapeuten beibringe. Den meisten Menschen fällt es nicht leicht, ihre Emotionen und Gedanken mal eben anzunehmen. Die von mir entwickelte Schritt-für Schritt-Übung, mit der sich alte Gefühle transformieren lassen, habe ich Gefühlsklärungstechnik© genannt. Sie wirkt, regelmäßig angewandt, wie eine Art Seelenhygiene, die uns von Altlasten befreit.

Mir wurde immer klarer, wie sehr die Aussage stimmt, dass wir das sind, was wir denken. Hast auch du den Eindruck, dass manche Menschen das Glück förmlich anziehen? Hast du dich auch schon gefragt, woran das liegen könnte? Das hat etwas mit dem Gesetz der Anziehung zu tun, dass wir also mit guten Gedanken auch Positives anziehen. Dieses Gesetz nennt man auch Quanten-Resonanz. Demzufolge ist es im Umkehrschluss unerlässlich, diese Gedanken und die damit einhergehenden Gefühle zu transformieren. Rein positives Denken reicht nicht aus. Irgendwo in uns schlummern sonst diese Altlasten, wirken unterbewusst und, um es mit einem Bild zu sagen, verstopfen den Kanal langfristig. Zuerst ist es wichtig, sich seiner Gedanken und Glaubensmuster und der Verletzungen bewusst zu werden und diese erst einmal anzuerkennen und zu reflektieren, ob man daran festhalten möchte. Im nächsten Schritt kann damit gearbeitet werden. Je nachdem, um was es sich handelt, kann mit verschiedenen Techniken gearbeitet werden. Ich wende meine selbst entwickelte Gefühlsklärungstechnik© an, um die noch schlummernden negativ geladenen Emotionen zu befreien, die sich in Folge transformieren. Auch Techniken der Glaubenssatzauflösung können helfen, diese zu transformieren. Näheres dazu folgt im Kapitel über [2]Glaubenssätze.

Da ich quasi mein Leben lang schon an mir selbst arbeite und durch Achtsamkeitstraining gelernt habe, mein Bewusstsein zu schärfen, bin ich innerlich immer freier geworden. Diese innere Selbstarbeit ist für mein Empfinden ein Zeichen der Selbstliebe und -fürsorge. Sie endet nicht irgendwann, wir sind keine fertigen Wesen. Zeitlebens können wir uns verändern und zu einer höheren Form unserer selbst verwandeln.

Gern möchte ich im weiteren Verlauf in ein vertrauteres Du wechseln. Denn ich möchte dich ein Stück deines Weges zu dir selbst begleiten. Ich möchte dir in diesem Wirrwarr zwischen erlernten Gedanken, Zweifeln, Glaubenssystemen und Gefühlen helfen, dich besser zurecht zu finden und zu verstehen, wer du wirklich bist und welches Potenzial in dir steckt. Wenn du diese bisher verborgene Kraftquelle richtig zu sehen und anzuwenden weißt, stehen dir ungeahnte Kräfte und Möglichkeiten zur Verfügung, die du bis heute vielleicht intuitiv ersehnt, aber noch nicht zur vollen Entfaltung gebracht hast.

Doch du fragst dich sicher, was das mit Selbstliebe zu tun hat. Je freier ich mich von meinen negativen Gedanken und Gefühlen machen konnte, umso mehr konnte ich mich selbst annehmen und lieben. Und dadurch konnte ich wiederum auch andere akzeptieren und so lieben und lassen, wie sie sind. Mir war klar, dass sie das nicht so ohne weiteres ändern können. Dazu müssen auch sie aus eigenem Antrieb an sich arbeiten wollen.

Wenn der Geist also freier wird, entsteht Raum für die innere Liebe, diese freifließende Liebe, die wir selbst sowieso in unserem Wesen sind. Die Lebensfreude kann ungebremst fließen. Und damit wir uns das auch bewahren können, müssen wir uns nach außen gegen jene abgrenzen, die uns das missgönnen oder aus anderen Gründen abstreitig machen könnten. Ein Mensch, der sich selbst liebt und dessen Gefühle frei fließen, ist nicht so leicht manipulierbar. Andere werden jedoch versuchen, ihm sowohl deren Zweifel als auch deren Willen überzustülpen. Gegen eine solche Manipulation können wir uns aber nur zur Wehr setzen, wenn wir gelernt haben, für uns selbst zu sorgen. Denn diese Selbstfürsorge ist der nächste Bestandteil der Selbstliebe. Folglich ist das Erlernen der Selbstfürsorge ein wichtiger Bestandteil eines selbstbestimmten und glücklichen Lebens. Da unser Gehirn zeitlebens lernfähig bleibt, ist es dafür niemals zu spät! Das ist eine gute Nachricht, nicht wahr?

In meinen Sitzungen und Seminaren bin ich oft gefragt worden, ob ich dazu nicht einen Leitfaden, ein Buch oder einen Workshop machen könnte. Der Gedanke ließ mich nicht los. Je mehr ich darüber nachdachte, umso mehr festigte sich das Gefühl, dass so ein Buch eine gute Grundlage für meine Arbeit bilden könnte. Und noch viel mehr: Es kann vielen Menschen helfen, im Selbststudium an sich zu arbeiten.

Denn schauen wir uns doch einmal um: Gibt es Menschen, die nicht auf irgendeine Art mit sich und ihrem Leben hadern? Die Probleme der Menschen sind so vielfältig. Beziehungen in jeder Form, Partnerschaft, Familie. Beruf. Erziehung der Kinder. Ängste. Dir fallen da sicher weitere Punkte ein. Die einen Defizite sind größer, die anderen kleiner. Immer erzeugen sie aber einen Leidensdruck und bremsen uns aus.

Der Wunsch, den Menschen Selbsthilfe-Werkzeuge in Form von Büchern und Webinaren an die Hand zu geben, mit denen sie an sich arbeiten können, wuchs in mir. Einerseits möchte ich meinen Klienten ermöglichen, die Selbstentfaltungsarbeit allein, auch ohne noch mehr Sitzungen bei mir, fortzuführen. Andererseits möchte ich Menschen erreichen, die bisher noch keine Therapie begonnen haben, aber spüren, dass sie sich selbst helfen können, wenn sie an sich und an meine Methoden glauben, und sie einfach einmal testen. Und natürlich möchte ich auch anderen Therapeuten und Coaches vermitteln, wie sie ihre Klienten zu mehr Selbstliebe führen können.

Die Selbstliebe ist nur ein Thema in meinen Sitzungen, gleichwohl aber eine Voraussetzung für den Erfolg der weiteren Selbstentwicklungsarbeit. Manchmal ist fehlende Selbstliebe schon der Schlüssel zur Lösung des Problems meines Klienten. Manchmal aber muss er noch mehr an sich arbeiten. Für solche tiefergehenden Persönlichkeitsarbeiten bleibt dann mehr Zeit, wenn der Klient allein seine Selbstliebe-Übungen ausführen kann. So können wir uns in den Sitzungen auf die anderen Themen fokussieren. Ein Problem kann konzentriert bearbeitet werden, wenn der Klient ein grundlegendes Werkzeug für sich in den Händen hält und gelernt hat, sich selbst zu lieben, zu reflektieren und auch zu schützen. Die Selbstliebe und das daraus resultierende starke Selbstwertgefühl, was sich auch selbstverantwortlich um das eigene Wohlergehen kümmert, ist also so eine Art innerer Geborgenheitsraum.

Warum man dir eingeredet hat, es sei schlecht, dich selbst zu lieben

Empfindest du ein gewisses Unbehagen bei dem Gedanken, dich selbst zu lieben? Meldet sich sogleich dein schlechtes Gewissen? Wenn ja, warum ist das so?

Selbstliebe und die Selbstfürsorge werden nicht selten als „kranker Egoismus" gewertet. Früh wurde dir vermutlich eingeredet, dass es falsch ist, an dich selbst zu denken, wenn es um wichtige Entscheidungen geht. Oder es sei arrogant, wenn du deine Stärken kennst und offen benennst.

Nimm dir nun einen Augenblick Zeit, um die folgenden wichtigen Fragen für dich selbst zu beantworten:

Ist es wahr, dass ein Mensch, der für sich selbst sorgt, nicht für andere sorgt? Schließt das Eine denn das Andere zwangsläufig aus?

Ist ein Mensch, der seine Stärken und Schwächen kennt und zu ihnen steht, wirklich selbstherrlich oder einfach nur ehrlich?

Und kann es nicht sein, dass die negative Reaktion der anderen, die sich daran stören, ihre eigenen Ängste beweisen, zu ihrer Kraft, Liebe, Stärke und ihrer Schwäche gleichermaßen zu stehen?

Und wer hat denn etwas davon, wenn du dich so klein machst, dass sich andere in deiner Gegenwart schamhaft selbst in Frage stellen oder Schuldgefühle entwickeln?

Kann es nicht auch einfach sein, dass du schon ganz früh einfach nur gelernt hast, dass es schlecht sein soll, für dich selbst zu sorgen und dich selbst tief und innig zu lieben?

Ich denke, dass wir in einer Zeit leben, in der die Menschen schon früh für ein System, das funktionieren und viel Profit abwerfen soll, erzogen und angepasst werden. Schon als Kind wird dem Menschen beigebracht, dass er Autoritäten achten soll. Autoritäten – zuerst Mutter und Vater, später Lehrer, den Staat, Religionen, Behörden, Vorgesetzte – sollen ungefragt akzeptiert werden. Nicht geachtet wird der einzelne Mensch mit seinen eigenen Bedürfnissen, besonderen Talenten, Wünschen und Ängsten. Schwäche und Anderssein werden mit Verachtung bedacht.

Wer sich nicht daran hält, wird frühzeitig „zurechtgestutzt", gemobbt, gemieden und umerzogen. So scheint es nur den Weg zu geben, mit der Herde zu ziehen und es den Anderen gleich zu tun oder selbst zu einer Autorität zu werden, die andere ausnutzt und mobbt.

Aber ist diese Prämisse denn wahr? Gibt es nicht einen dritten Weg, den Weg irgendwo dazwischen? Hast du dich das auch schon einmal gefragt?

Die gute Nachricht: Ja, es gibt diesen Weg, der alles vereint.

Seit 1989 unterstütze ich Menschen auf ihrem Lebensweg zu einem selbstbestimmten und glücklichen Leben. Und meine Erfahrung zeigt mir: Es funktioniert immer, wenn der Mensch bereit ist, sich in seinen bisherigen Mustern zu reflektieren und zu ändern.

Dass dies nicht so einfach ist, wenn du das Gegenteil gelernt hast, ist normal und verständlich. Aber es ist möglich! Und ich weiß, wie es geht. Ich nehme dich gern an die Hand und begleite dich dabei Stück für Stück, bis du diesen Weg selbst gehen kannst! Und ich werde immer versuchen, dir eine Hilfe zur Selbsthilfe zu sein, sodass du langsam verstehst, worum und wie es geht. Du wirst die Werkzeuge immer mehr selbst anwenden können.

Viele, die mit mir den Weg gegangen sind (ca. 70 % meiner Klienten arbeiten selbst in helfenden Berufen, z. B. als Arzt, Heilpraktiker, Therapeut, Lehrer, Coach etc.), haben mich immer wieder gebeten, ein Instrument oder einen Werkzeugkasten zur Verfügung zu stellen, mit dem sie lernen können, sich selbst zu lieben und wertzuschätzen. Denn aus der Selbstliebe entwickelt sich dann, wie von allein, das Selbstwertgefühl. Aus diesem Selbstwertgefühl entspringt wiederum eine kraftvolle und charismatische Aura, die auch anderen Menschen etwas schenken kann. Ein Mensch, der sich wahrlich liebt und annimmt, ist eine Quelle schöpferischer Lebenskraft. Sein Blick auf andere wirkt heilend, weil er voller Liebe ist.

Ich möchte dir diesen wunderbar kraftvollen Weg zeigen, der so viel Lebensfreude und Heilung alter Wunden mit sich bringt.

Wenn du den Weg wirklich bis zu Ende gehen möchtest, werden wir vermutlich viele gemeinsame Berge und Täler deiner inneren Seelenlandschaft durchwandern. Wir werden alte Muster finden, die automatisiert, wie eine Software, seit vielen Jahren und Jahrzehnten Datenautobahnen in dir geschaffen haben und sich deshalb nur schwer verändern lassen. Dein inneres Virenprogramm ist so codiert, dass es versucht, größere Veränderungen zu vermeiden. Es wird dir Ausflüchte und Umwege anbieten, die dich wieder auf dieselbe Datenautobahn führen, die du schon kennst: die Autobahn, auf der du dem System dienst und dich selbst dabei vergisst.

Das Programm hat viele Argumente und einen inneren Kritiker in dir installiert, der dich, wenn du schwächelst, mit Abwertungen und Ermahnungen überhäuft. Und ohne, dass du je geprüft hast, ob diese negativen Gedanken überhaupt richtig und sinnvoll sind, bist du bisher immer wieder auf die gleiche Autobahn zurückgefahren. Daraus resultieren die immer gleichen oder ähnlichen Situationen. Dein innerer Kritiker wird sich dadurch sogar noch bestätigt sehen, dass er recht hat. Es ist möglich, sich aus diesem Kreislauf zu befreien.

Durch diese schwierige geistige Landschaft möchte ich dich begleiten und anleiten, nicht alles zu glauben, was du denkst und fühlst, sondern zu lernen, fein zu differenzieren und wirklich gute Entscheidungen zu treffen, die dir und anderen dienen, und zwar nachhaltig!

Ja, du hast richtig gelesen: nachhaltig. Also nicht für einen kurzfristigen Gewinn oder zur Vermeidung einer Angst. Vielmehr soll es dir einen langfristigen Nutzen bringen. Ich möchte für dich das Beste. Was für dich das Beste ist, das ist dir oft nicht direkt klar. Oft denken wir, dass etwas gut sei, weil wir gelernt haben, dass dies gut sein soll. Doch warum macht es dich denn dann nicht glücklich? Warum führt es immer wieder zu Burnout, Stress, Streit und Krankheiten? Wenn du ständig auf Funktionalität eingestellt bist, dich dabei selbst vergisst, brennst du aus.

Niemand hat dir beigebracht, dass es einen goldenen Mittelweg gibt, zwischen dem, was andere von dir wollen und dem, was dir wirklich guttut. Stattdessen hast du gelernt, mehr danach zu schauen, was von dir erwartet wird und dich darüber zu vergessen. Vermutlich beschleicht dich eher ein schlechtes Gewissen, wenn du in Erwägung ziehst, dich selbst zu achten und zu lieben. Da es in diesem Zusammenhang einen Konflikt gibt.

Dabei ist deine liebevoll wohlwollende Achtsamkeit mit dir selbst die größte Kraftquelle, die dich nährt, schützt und pflegt. Und wenn du dich aus tiefstem Herzen liebst und wertschätzt, dann endet diese Liebe nicht an deinem Körper, auch nicht an deinem energetischen Feld und auch nicht dahinter. Denn echte und tiefe Liebe schließt alles mit ein und nichts aus. Du verschenkst Liebe frei. Weil Liebe niemals weniger wird, wenn du sie wirklich in dir fühlst und fließen lässt.

Vielleicht hast du in der Vergangenheit versucht, die Leere und das Defizit der mangelnden Selbstliebe mit Liebe von anderen zu kompensieren? Und? Was hat es dir gebracht? Und was hat es dich gekostet?

Und wie wird dein Leben weiter gehen, wenn du es weiter so betreibst?

Vermutlich hat es dir, wie allen anderen Menschen auch, nur Leid und Enttäuschung gebracht. Und du hast dich immer mehr verstellt und verbogen. Bis du selbst nicht mehr wusstest, wer du bist.

Das muss nicht sein. Heuchelei bringt nichts als Enttäuschung. Nur die Liebe zu dir selbst kann dich retten. Kein anderer Mensch kann das. Ich kann dich auch nicht retten. Ich kann dir nur zeigen, wie du den Weg erfolgreich gehen kannst.

Wie viele Leute kennst du, die in unglücklichen Partnerschaften gefangen sind? Am Anfang waren sie verliebt und hofften, die Liebe wird es schon richten. Es wird schon alles gut werden. Ein romantisches Vorhaben. Und? Wo führt es hin? Jeder möchte nur geliebt werden und weiß doch nichts von der wahren Liebe, die bei einem selbst beginnt. Zwei Einbeinige, die sich stützen wollen. Nur können sie so keinen Weg zusammen gehen.

Erst musst du lernen, auf deinen eigenen Beinen zu stehen und zu gehen. Dann wirst du einen Menschen anziehen, der es genauso kann und möchte. Somit ist der Weg für eine reife und tiefe Liebe gebahnt. Zwei Menschen, die somit auch flexibel sind, sich mit der Zeit zu wandeln und in Krisen etwas positiv Herausforderndes zu sehen. Etwas, was die Liebe und die Partnerschaft wachsen lässt. Nur wer flexibel stabil ist, ist den Herausforderungen des Lebens langfristig gewachsen und kann auch selbst eine Stütze sein. Zwei Einbeinige können sich zwar kurz aneinander festhalten, aber nicht einen langen Weg miteinander gehen.

Als Stütze kann er stattdessen jemandem zeigen, wie ein anderer selbst für sich sorgen kann und glücklich wird. Weil der in sich ruhende Mensch in sich eine tiefe Geborgenheit trägt, ein Urvertrauen. Nur zwei reife, stabile Persönlichkeiten können zusammen schöne Abenteuer erleben und die Unwegsamkeiten des Lebens gemeinsam meistern. Jeder für sich und auch als Team.

Im Weiteren werde ich in der männlichen Form sprechen. Das mache ich nicht, weil ich für oder gegen ein besonderes Geschlecht wäre oder einem davon mehr Wert zusprechen würde. Im Gegenteil, ich finde, dass jeder so leben sollte, wie er es für richtig hält. Wenn auch ca. 80 % meiner Leser und Klienten Frauen sind, so weiß ich doch, dass es ebenso einige Männer gibt, die an sich arbeiten, zu mir kommen und gewillt sind, sich zum Positiven zu ändern. Doch der Einfachheit halber werde ich, ganz entgegen jeder neuen Gendermode, nur in einer verständlichen Form sprechen, weil sonst der Inhalt wegen der Doppelerwähnungen völlig unklar werden würde. Deshalb werde ich meist bei der männlichen Form bleiben. Jedoch sollst du einfach wissen, dass ich jedes Mal alle Geschlechtsidentitäten meine.

Wie kannst du mit diesem Buch arbeiten, um den größten Nutzen daraus zu ziehen?

A) Bevor wir weiter zusammenarbeiten, habe ich eine Bitte an dich: Lege dir ein Arbeitsbuch oder eine Datei an, womit du die Fragen und Aufgaben, die ich dir während der Lektüre stellen werde, ausführlich beantworten kannst. Es werden Übungen sein, die dir helfen, dich zu reflektieren (zu spiegeln) und alte Muster, die du in dir trägst, zu erkennen und loszulassen. Nimm keine losen Zettel und lege nicht ständig neue Dateien an. Denn du wirst sonst aufgrund des dadurch entstehenden Chaos nicht vorankommen. Gib dem Buch einen Namen, z. B. Arbeitsbuch, mein Weg oder etwas, das für dich stimmig erscheint. Ich nenne dieses Buch im Weiteren unabhängig davon, wie du es genannt hast, Arbeitsbuch, damit du weißt, wovon ich spreche. Trage zunächst das Anfangsdatum ein und beginne auch jede neue Eintragung mit dem aktuellen Datum. Verstecke dieses Buch gut. Es ist nur für dich. Du solltest immer total ehrlich zu diesem Buch sein können. Wenn du Angst hast, dass es gefunden werden könnte, wirst du nicht ehrlich schreiben. Lerne ganz offen und ehrlich zu dir selbst und deinem Arbeitsbuch zu sein. Es ist dein neuer Begleiter. Es wird dir sehr dabei helfen, auf dem Weg zu bleiben. Denn du wirst hier viele Antworten auf Probleme finden, die du schon in einer anderen Situation gelöst hast. Du wirst feststellen, dass deine Muster sich immer wieder ähnlich zeigen. Und so lernst du, diese zu erkennen und zu verändern.

Nur wenn du Illusionen, die mit jedem Muster einhergehen, entschleierst, wirst du das Problem – die Hürde, die dein Leben blockiert – ausräumen können.

B) Ich möchte, dass du das Beste aus diesem Buch ziehen kannst. Deshalb nimm dir bitte immer auch die Zeit, in Ruhe alles zu überdenken und zu beantworten.

C) Arbeite das Buch mehrmals durch. Denn alte Muster brau chen Zeit, um sich endgültig zu verabschieden. Du wirst manches überlesen, auch wenn es dir nicht auffällt. Und gerade über die wichtigsten Zeilen wird dein Unterbe- wusstsein vermutlich manchmal einfach hinwegsehen. Du wirst es vielleicht lesen, ohne dass es dich wirklich erreicht. Solltest du dies gleich beim ersten Lesen oder vielleicht auch erst beim wiederholten Lesen merken, dann halte inne und nimm dir gerade für diese Abschnitte Zeit. Dementsprechend wenn du wahrnimmst, dass du dich nicht gut konzentrieren kannst und der Grund dafür liegt eher an deiner momentanen Verfassung, weil du z. B. müde bist, dann leg das Buch etwas zur Seite und gib dir Zeit, dich zu erholen, bevor du weiterliest.

D) Noch ein Hinweis zu den später folgenden Fallbeispielen: Namen, Alter und Wohnorte der Personen wurden völlig ausgetauscht, damit keine Rückschlüsse auf die wahren Personen möglich sind. Die Situationen entspringen alle der Realität und beruhen auf wahren Ereignissen, wurden aber zum Zweck der Anonymisierung leicht abgewandelt.

Nun von mir ein paar grundsätzliche Sichtweisen auf das Persönlichkeitsbild des Menschen, die ich gerne erläutern würde, damit du den Inhalt dieses Ratgebers besser verstehen und verarbeiten kannst:

Im Laufe der Jahrzehnte, in denen ich Menschen in ihrem Entwicklungsprozess hin zu einem ausgeglichenen und authentisch zufriedenen Leben begleite, habe ich mich mit vielen verschiedenen Sichtweisen und Techniken auseinandergesetzt. Besonders geprägt haben mich die Meditation, das Leben in Achtsamkeit und auch die Sicht, dass der Mensch im Laufe seines Lebens seine Persönlichkeit in verschiedene Anteile aufteilt, die in Form von inneren Bildern und Stimmen immer wieder auftauchen.

Anteile und Identifikation: Der Tenor dieser Anteile ist immer ähnlich. Die Stimme und das Bild können aber wechseln. Ein Anteil, den jeder in sich hat, ist z. B. der innere Kritiker. Er entsteht meist durch die kritischen Aussagen anderer Menschen, die dein Leben stärker beeinflusst haben (Eltern, Lehrer, Partner etc.). Diese Stimmen tauchen in dir in Ich- und in Du-Form auf. Es ist für deine Reflexionsarbeit hilfreich, wenn du dir diese Anteile mehr und mehr verdeutlichst, um sie immer besser zu erkennen und damit nicht mehr in die Identifikation zu gehen.

Da wären wir bei der nächsten These. Meiner Betrachtung nach setzt sich deine Persönlichkeit aus verschiedenen Identifikationsaspekten zusammen. Jemand sagt zu dir als Kind: „Du bist ein Mädchen." Wenn andere das Gleiche mehrmals bestätigen, wirst du dich nun damit identifizieren. Diese Identifikation schließt dann andere Identifikationen aus. Beispiel: „Wenn ich ein Mädchen bin, dann bin ich kein Junge." Das baut sich in Schichten aufeinander auf. Die nächste Schicht könnte also sein: „Als Mädchen sollte ich xy sein (z. B. freundlich, sauber)." Was dann wiederum ausschließt, dass du dafür gewisse Eigenschaften, die in dem Fall einem Jungen zugeschrieben werden, nicht haben solltest. So entsteht immer mehr ein Bild über dich selbst, was sich aus vielen Schichten der Identifikationen zusammensetzt.

Natürlich bringst du dich dann mit diesen Eingrenzungen auch um eine große Portion Chancen und Entfaltungsmöglichkeiten.

Das bereitet dir meist auch Schwierigkeiten in Form von inneren Konflikten. So entstehen über Abspaltungen von Selbstbildern innere verschiedene Anteile, die mal mehr oder weniger bewusst sind.

Diese Sichtweise von sich selbst, die sich aus Glaubenssätzen, identifizierten Anteilen und Identifikationen zusammensetzt, ergibt dein Mindset. Das ist die Art, wie du über dich und andere denkst. Das wiederum entscheidet ganz maßgeblich darüber, wie du dein Leben gestaltest.

Um sich daraus zu befreien, ist es sinnvoll, sich wieder mit deinem Mindset und den verschiedenen Anteilen, die dir oft nicht mehr vollends bewusst sind, zu beschäftigen.

Neurobiologische Datenautobahnen: Das Gehirn gestaltet sich im Laufe deines Lebens immer mehr so, wie es genutzt wird. Häufig bestätigte innere Sichtweisen speichern sich als starke „Datenautobahnen" ab, die nur schwer veränderbar sind. Laut Prof. [3]Dr. Gerald Hüther, dessen Buch Bedienungsanleitung für ein menschliches Gehirn ich dazu sehr empfehlen kann, ist das Gehirn aber zeitlebens lernfähig und wandelbar. Auch wenn dein Gehirn, als du Kind warst, noch viel mehr und schneller gelernt hat, es lohnt sich immer.

Rezept für deine Selbstliebeskraft:

Wenn du das größte Glück für dich selbst im Leben erreichen möchtest, dann solltest du auch bereit sein, dafür deinen höchstmöglichen Einsatz zu leisten.

Wenn du nur halb- oder viertelherzig für dich selbst einstehst, wirst du auch nur halb oder viertelherzig zufrieden sein.

Es gibt nichts und niemanden, der dir jemals näher war und sein wird, als du selbst. Du bist der einzige Mensch, der dich für immer begleitet und auf den du dich verlassen kannst.

Mache dich selbst wieder zu deinem besten Freund und Geliebten.

Never give up yourself!

WAS IST LIEBE?

Es gibt wohl kaum einen Begriff, der mit so vielen Bedeutungen und Erwartungshaltungen behangen, erschwert und erdrückt wird, wie dieses Wörtchen Liebe. Manchmal scheint es, als ob sich alles um die Liebe dreht – auch, wenn es nicht ausgesprochen wird und oft unbewusst zu sein scheint. Jeder versteht unter der Liebe etwas anderes. Und es gibt verschiedene Formen der Liebe: Mutterliebe, Geschwisterliebe, Liebe zu Freunden, zu einem Hobby, zu einem Tier oder sogar zu einem Gegenstand, mit dem wir mehr verbinden. Doch möchte ich an dieser Stelle nicht näher darauf eingehen. Sicher sind sie dir bereits bekannt.

Letztlich können wir alles und jeden lieben. Es ist nur eine Frage unseres Mindsets.

Liebe ist wohl die Urkraft, die uns alle zusammenhält. Liebe ist eine Energie, die zwischen uns allen fließt. Auch, wenn dies nicht immer spürbar ist. Was ist mit der Liebe, die wir in Liebesfilmen und Romanen kennengelernt haben? Ist das wirklich Liebe oder ist es nicht eher ein Bedürfnis, so bedingungslos geliebt zu werden, wie ein kleines Kind von seinen Eltern geliebt werden sollte, damit es seelisch und körperlich gesund groß wird? Nicht selten geben sich Menschen für diese ersehnte Liebe völlig auf. Dies zieht meist den Verlust der Anerkennung des Partners nach sich. Denn wenn niemand mehr da ist, wen soll man dann lieben und achten?

Haben wir denn tatsächlich als Erwachsene ein „Recht" auf eine solche bedingungslose Liebe? Kann das überhaupt ein anderer Mensch gegenüber einem Erwachsenen dauerhaft leisten?

Eigentlich sollte diese Form der selbstlosen Liebe Kindern zukommen, um – wie schon erwähnt – zu gewährleisten, dass das Kind behütet aufwachsen kann und das nötige Urvertrauen entwickelt. Wenn dieses geborgene Heranwachsen stattfindet und das Kind zu einem Erwachsenen herangereift ist, wird er auch die Kraft haben, sich soweit unabhängig zu machen, um ein selbstbestimmtes Leben zu führen.

Doch diese Entwicklung findet nicht immer so vorbildlich statt. Oft sind schon die Eltern nicht gut behütet aufgewachsen und geben ihre erlittenen Wunden weiter, indem sie z. B. das Kind als Partnerersatz sehen, es für ihre eigenen Bedürfnisse instrumentalisieren (benutzen) oder es in für das Kind wichtigen Situationen allein lassen mit seinen Gefühlen und Ängsten. Und dieses Kind wird wiederum als Erwachsener das, was nicht aufgearbeitet wurde, an anderen ausleben. So zeigen sich diese Nähe- und Bindungsstörungen vielfältig in den Freundschaften und Partnerschaften, z. B. durch das Verlieben in Partner, die emotional ebenfalls nicht erreichbar sind, nie Zeit haben oder klammern.

Wenn wir verliebt sind, dann können wir nicht mehr klar denken.

Das kritische Zentrum im Gehirn schaltet sich für lange Zeit einfach aus. Wir sehen nur noch Positives. Ein Hormoncocktail macht uns high und unkritisch. Wichtige Details werden so leicht übersehen und wir laufen taumelnd und nicht selten direkt ins Drama. Der Kritiker in uns liegt hormonell trunken in der Ecke und ahnt schon, was da auf uns zu kommt. Doch meist ist es „zu spät", wenn die Nüchternheit von den Hormonen einsetzt. Dies geschieht in der Regel 8 Monate bis 4 Jahre später. Ob es wahre Liebe ist, erkennt man tatsächlich ab dem 7. gemeinsamen Jahr. Denn dann sind die anfänglichen Verliebtheitshormone verschwunden und das Leben hat die Partnerschaft auf Alltagstauglichkeit geprüft.

Ein Beispiel aus meiner Praxis:

Sabrina hat David über eine Singlebörse kennengelernt. Sie erzählt mir: „Schon als ich sein Bild gesehen habe, war ich hin und weg. Ich war wie paralysiert, als ich ihn sah. Er ist genau mein Typ. Es kam schnell zu einem Telefongespräch, in dem wir uns total gut unterhalten konnten. Wir waren genau auf einer Wellenlänge und haben uns beide über dieses so vertraute Gefühl gewundert, was wir zueinander hatten." Sabrina hat mir weiter berichtet, dass sie alle ihre sonst so üblichen Bedenken schnell über Bord geworfen hat, obwohl er ihr erzählt hat, dass er gerade erst aus einer langjährigen Partnerschaft kommt. David hatte Sabrina erzählt, dass diese Partnerschaft schon lange unbefriedigend war und er sich innerlich schon lange vor der Trennung verabschiedet hatte.

Deshalb wäre er auch nun auf jeden Fall bereit für eine neue

Beziehung. Er machte ihr so viele Komplimente und sprach sogar schon beim 2. Treffen davon, sich mit ihr eine gemeinsame Zukunft vorstellen zu können, und sagte, er glaube, sie sei „die Richtige". Er war sehr ungeduldig und schrieb ihr jeden Tag zwischen den Treffen intensive Nachrichten, die sich anfühlten, als seien sie schon viele Jahre ein Paar. Sabrina ist wohl aufgefallen, dass er ihr nie lange in die Augen sah und immer etwas gehetzt wirkte. Doch sie sagte sich, das sei sicher die Aufregung, weil er so begeistert von ihr war. Auch, dass er so viel erzählte, ihr kaum zuhörte und immer wieder betonte, wie toll er sei, angesehen bei anderen und hilfreich für andere, schob sie darauf, dass er wohl sehr verliebt in sie sei. Sie spürte intuitiv, dass er wohl in seinem Inneren sehr unsicher ist und tat alles, damit er sich gut fühlte. Sie sagte Termine mit Freundinnen ab, um ihn zu treffen, vernachlässigte ihren Sport und Hobbys und fokussierte sich völlig auf David. Immer wieder erzählte David davon, dass er seiner letzten Partnerin nicht trauen konnte und sie nicht zu ihm gehalten habe. Es kam ihr schon komisch vor, dass er so oft davon sprach, doch sie fand es auch verständlich, denn es war ja noch nicht lange her. Deshalb gab Sabrina sich nun alle Mühe, ihm zu beweisen, dass es mit ihr anders ist. Denn schließlich hatten sie sich ja nun endlich gefunden und sie wollte seine Wunden schnell heilen. Sie sah sich darin bestätigt, dass ihre Haltung richtig sei, als er dann auch schon nach nur 2 gemeinsamen Wochen davon sprach, dass er mit ihr zusammenleben wollte. Und in dem Moment, wo sie ihm bestätigte, dass sie sich das auch wünscht, kehrte sich alles um. David hatte plötzlich viele Arbeitsaufträge, die Ex machte

Ärger und wollte ihre Sachen nicht abholen, ohne mit ihm noch mal ausgiebig zu sprechen. Wenn Sabrina und David sich trafen, dominierten eine traurige Stimmung seinerseits und die Gespräche über die Ex das Zusammensein. Noch immer versuchte Sabrina, David zu unterstützen und selbstlos für ihn da zu sein. Sie dachte, es zahle sich irgendwann für sie aus. Doch je mehr sie in die Beziehung hineingab und sich selbst zurückstellte, desto stärker wurde das Gefälle, dass seine Bedürfnisse wichtig waren und ihre nicht. Häufiger sagte er nun auch Treffen und das gesamte vorab geplante gemeinsame Wochenende kurzfristig ab oder seine Stimmung war düster und undurchdringlich. Wenn sie nachfragte, was denn sei, war er genervt, mauerte und unterstellte ihr, dass sie seine Grenzen nicht achtete. Woraufhin er dann seine Sachen packte und für 5 Tage verschwand, ohne mit ihr darüber näher sprechen zu wollen. Als er ging, meinte er: „So etwas tue ich mir nicht mehr an." 5 Tage war sie unklar, ob es überhaupt weitergeht. Statt ihn in Frage zu stellen, stellte Sabrina sich selbst in Frage. Denn schon ihre Eltern waren nicht so für sie da, wie sie es als Kind gebraucht hätte, da sie beide berufstätig waren und wenig Zeit und Aufmerksamkeit für Sabrina hatten. Hier erlebte sie also wieder das Muster aus der Kindheit. Nach diesen 5 Tagen war David plötzlich wieder da, es tat ihm angeblich leid, auch wenn er sich nicht wirklich entschuldigen konnte, versuchte Sabrina ihm zu verzeihen, denn er hatte es ja nicht immer einfach. Dass sie selbst aber auch erneut verletzt wurde und David sie nicht wirklich in ihren Bedürfnissen sehen konnte, wollte sie nicht wahrhaben. Denn dann hätte sie die Partnerschaft ja unter Umständen aufgeben müssen. Diese Situationen wiederholten sich zwischen Sabrina und David. Und von Mal zu Mal wurde es etwas drastischer, David entschuldigte sich immer weniger und er hatte immer weniger Verständnis für ihre Bedürfnisse, die er als Schwächen verächtlich darstellte. Nach 1,5 Jahren trennte sich Sabrina schweren Herzens, da es für sie nicht mehr aushaltbar war. Doch da war sie schon so destabilisiert und in einem Kreislauf von negativen Emotionen gefangen, dass die Trennung für sie sehr schwer zu verkraften war.

Was ist hier passiert? Es haben sich hier zwei Menschen angezogen, die verschieden ihre Art der Nähe- und Bindungsunfähigkeit auslebten. Sabrina, indem sie klammerte und David, der die Nähe schon gleich nicht wirklich zugelassen hatte. Eine solche Nähe-, Distanzstörung geht immer mit (mehr oder weniger starkem) narzisstischem Muster einher auf Seiten der Person, die die Nähe offensichtlich meidet. Die Person, die klammert, vermeidet wiederum echte Nähe, die auch in einer Auseinandersetzung durch Konflikt stattfindet, indem sie sich selbst vergisst und sich nur aus Verlustangst heraus anpasst und somit für den Partner nicht mehr „da" ist. Es gibt also kein echtes Gegenüber mehr, was man respektieren und achten kann.

Klar kann es sein, dass David sie dann verlassen hätte, aber eine Partnerschaft ist auf so einer Ebene, ohne Zusammenarbeit von beiden, ohnehin nicht möglich. Sabrina hat mit mir danach lange an ihrem Selbstwertgefühl und den schädlichen Glaubensmustern, gearbeitet. Sie hatte mir erzählt, dass ihre vergangenen Partnerschaften nach ähnlichen Mustern gelaufen waren. Durch die Arbeit an ihren Glaubensmustern und die Stärkung ihrer Selbstliebe, ist ihr Selbstbewusstsein stärker geworden. Sie hat mögliche Partner, die nach einem ähnlichen Muster tickten, wie David, schneller erkannt, gemieden und hat sich ihr Leben glücklich als Single mit ihren Hobbys und Freunden eingerichtet. So hat sie dann eines Tages auch jemanden kennengelernt, der mit ihr gut umgegangen ist, ihre Bedürfnisse genauso achtet, wie sie selbst mittlerweile auch und ist seitdem das erste Mal in ihrem Leben in einer glücklichen Partnerschaft.

Eigentlich müssten wir bei dem Thema Liebe viel genauer differenzieren, um welche Liebe es sich handelt. Denn jede Form der Liebe hat ihre eigene Psychologie und ihre eigene Physiologie. Doch das würde den Rahmen sprengen.

Deshalb werde ich nachfolgend allgemein die Liebe zu anderen Menschen zusammenfassen. Denn alle Formen der Liebe zu anderen Personen haben eines gemeinsam. Wenn wir uns selbst nicht am meisten lieben und achten, dann sind wir ein unattraktives Wesen. Dann bestehen wir aus vielen klebrigen Erwartungshaltungen, die aus einem unreifen Kindheits-Ich heraus resultieren.

Wenn du aus diesem Kinder-Ich agierst, wirkst du verstrickend, beengend oder unverbindlich. Aber auch unter Umständen zu nervös, unsicher, ängstlich oder auch grob. Dann machst du deinen Partner zu einem Objekt deiner Begierden und verlierst ihn als lebendiges Individuum, mit seinen eigenen Bedürfnissen, Gefühlen und Sichtweisen aus den Augen.

Das ist unattraktiv und unsexy. Dein Partner wird sich irgendwann unbefriedigt und mit seinen Bedürfnissen ungesehen fühlen. Vermutlich werdet ihr beide früher oder später gelangweilt oder genervt miteinander in eine Sackgasse gehen. Entweder verkommt dann die Liebe zu einer Versorgungsgemeinschaft und man lebt aneinander vorbei, obwohl man sich nach außen als Paar zeigt, oder man trennt sich enttäuscht voneinander und sucht ein neues Objekt.

Das ist keine Liebe. Das sind nur Hormone und verletzte Kindheitsanteile.

Paradoxerweise ist die Fähigkeit, allein zu sein, die Bedingung dafür, in der Lage zu sein, zu lieben.

Erich Fromm

Und was bedeutet Liebe dir?

Nimm dein Arbeitsbuch und beantworte dir folgende Fragen:

- Was hat dir die Liebe bisher gebracht?
- Was war deine Erwartungshaltung?
- Wie bist du in diesem Zusammenhang mit dir umgegangen? Hast du auf dich geachtet oder waren die Bedürfnisse anderer für dich wichtiger?
- Hast du dich entschieden, deine Bedürfnisse hintenanzustellen? Und war das für dich und den Menschen, für den du dich vernachlässigt hast, wirklich nachhaltig hilfreich?
- Und was hat es dich gekostet langfristig? Z. B. Energie, Möglichkeiten, Lebenszeit, Enttäuschungen?
- Was wird es dich kosten, wenn du diesen Weg so weiter gehst? Wie geht dann dein Leben weiter? Willst du das?
- Wie wärest du gern mit dir umgegangen?
- Was hat dich davon abgehalten?
- Ist es dir schwergefallen, zu dir zu stehen?
- An wen erinnert dich diese Stimme in deinem Kopf, die dich dazu bewogen hat, dich in der Vergangenheit gegen dich zu entscheiden?
- Brauchst du das heute noch?
- Welche Glaubenssätze tauchen immer wieder auf?

Wenn du diese Fragen ehrlich beantwortet hast, dann wirst du feststellen, dass es sich meist um alte Codierungen aus deiner Kindheit handelt.

Entscheide dich heute für dich. Jeden Tag aufs Neue! Du solltest dir bewusst machen, dass du an jedem Tag neu beginnen kannst. Beginne jetzt! Nimm dir dein Leben zurück.

So sehr du auch suchst, du wirst in diesem grenzenlosen Universum niemanden finden, der deine Liebe so sehr verdient, wie du selbst.

Buddha

Und was sind Liebe und Selbstliebe wirklich?

Liebe ist die stärkste Kraft, die es gibt. Eine Kraft, die uns nährt, die nie versiegt. Sie verbindet uns und gleicht aus, sie heilt und fordert heraus. Die gesunde und reife Liebe ist unpersönlich und platonisch. Sie kann zu Sexualität oder Partnerschaft führen, muss sie aber nicht.

In erster Linie bezieht sich die Liebe genauso auf sich selbst, wie auf alles andere. Wenn sie ungebrochen in dir fließt, fließt sie auch hemmungslos aus dir heraus und zu allen und allem hin. Das hat nichts mit Emotionen und Bedürfnissen zu tun. Emotionen entstehen aus Bedürfnissen und Gedanken, die in diesem Zusammenhang auftauchen. Angst und Unsicherheit sind die ersten Gefühle, die sich einstellen, wenn wir glauben, nicht zu bekommen, was wir begehren.

Agieren wir aus Angst, hat das mit Liebe nichts mehr zu tun. Es wird zur Bedürftigkeit, wie Sehnsucht, Trauer, Wut, Zorn etc. Unser Gegenüber kann aber nicht wirklich etwas für unsere Gefühle. Auch, wenn es sich so anfühlt. Deshalb ist unser „Bauchgefühl" auch nicht immer zwangsläufig richtig. Entgegen der Meinung mancher, die behaupten, dass man immer auf den Bauch hören sollte, sagt die Psychologie etwas anderes. Denn unser Bauch ist zwar durchaus ernst zu nehmen, aber er weiß erst einmal nur, dass es da etwas gibt, was von uns Aufmerksamkeit braucht.

Wenn die inneren Kind-Anteile, die verletzt in uns liegen, geheilt werden, reagieren wir wieder gesünder und reifer. Wir agieren unseren Schmerz und unsere Emotion nicht aus, stülpen sie nicht jemanden über, sondern übernehmen Verantwortung für uns und kümmern uns um uns selbst.

Wenn wir uns um uns selbst genügend gekümmert haben, haben wir auch die Kraft und oft auch die Lust dazu, uns mit den Bedürfnissen unseres Gegenübers auseinanderzusetzen und auch Verantwortung in der Verbundenheit zu übernehmen, die nicht zu weit über unsere Grenze des Möglichen hinausgeht.

Ein klärendes empathisches Gespräch, in dem wechselseitig eröffnend kommuniziert wird, was ist, wie man fühlt und was man wünscht, bringt Nähe und der entstandene Machtkampf ist vorbei. Danach folgen die Flitterwochen und die romantische Zeit beginnt von vorn.

Warum ist es so schwer, Schwäche einzugestehen und den Machtkampf zu beenden? Vermutlich, weil du es gelernt hast oder dein Partner es so gelernt hat. Aber es ist für eine liebevolle und tiefgreifende Partnerschaft unabdingbar, sich wechselseitig zu offenbaren.

Ein weiteres Beispiel:

Ines und Gerd sind seit 7 Jahren ein Paar und leben zusammen. Sie haben ähnliche Interessen und Hobbys, streiten sich aber ständig wegen Kleinigkeiten. Mir erzählt Ines, dass sie sich von Gerd ignoriert und missachtet fühlt, wenn er den Klodeckel nicht herunter macht oder andere Dinge im Haushalt nicht so erledigt, wie sie möchte. Gerd versteht schon länger nicht mehr, was Ines eigentlich genau will und fühlt sich von ihren Anforderungen überfordert. Er reagiert trotzig und hört ihr nicht mehr zu, sondern hält ihr immer wieder ihre – von ihm so empfundene – aggressive Art vor. Beide haben im Laufe der Jahre viel Wut angehäuft und ein Reden ist kaum noch möglich. Es war ganz klar, die beiden standen kurz vor einem Aus ihrer Beziehung. Zunächst führte ich mit ihnen Gespräche unter vier Augen, damit sie unabhängig voneinander ihre Sicht schildern. So waren sie in der Lage, frei zu sprechen, und ich konnte beide Ansichten hören und mir ein Bild machen. Im späteren Gespräch mit beiden war es kaum möglich, den Sachverhalt zu klären. Beide waren hochemotional. Er war gefangen in Trotz und Abwehr, sie in ihrer Wut und den Tränen. Ich spürte, dass es nicht nur um das ging, worum gestritten wurde. Folgerichtig fragte ich, was der wahre Grund für diese starken Emotionen sei. Es dauerte eine Weile, bis mir die beiden diese von ihnen verdrängten Hintergrundinformationen gaben. Ines war für Gerd in eine Großstadt gezogen, weil dieser dort ein Haus besaß, in dem die erwachsenen Kinder oben in einer eigenen Wohnung lebten. Dort ging natürlich auch die Mutter der Kinder, die Gerds Trennung wohl nie wirklich akzeptiert hatte, ein und aus. Ständig gab es Sticheleien in Ines Richtung. Die Exfrau instrumentalisierte auch die Kinder gegen die neue Partnerin. Gerd wiederum genoss die ständige zusätzliche Zuwendung von seiner Exfrau, auch wenn die daraus resultierende Eifersucht von Ines ihn sichtlich nervte. Ines wiederum versuchte sich einzureden, dass ja zwischen allen alles geklärt wäre und es keinen Grund zur Eifersucht gäbe, da Gerd nicht offensichtlich fremdging. Mein Eindruck war sehr schnell, dass er diese Machtposition nicht aufgeben wollte. Und Ines befürchtete ihn zu verlieren, wenn sie diese Wohnsituation zu stark in Frage stellte. Ines hoffte insgeheim, dass sie ihn dadurch über die Jahre binden könnte. Ihre Wut über die andauernden Gemeinheiten staute sich an. Sie verteilte diese Wut um auf viele unwichtige Kleinigkeiten. Natürlich fürchtete sie, dass er jeglichen Respekt vor ihr verlieren könnte, wenn sie diese Forderung nach dem, was ihr im Haushalt wichtig ist, und die Abgrenzung (einzufordern,) aufgeben würde.

Als die beiden zu mir kamen, hatten sie schon mehrere erfolglose Paar-Coachings und 2 weitere gescheiterte Paartherapien hinter sich. Kein Wunder, denn diese wichtigen Hintergründe wurden niemals vertieft, obwohl sie ausschlaggebend waren.

In Mediationsgesprächen mit beiden zusammen und in Einzelgesprächen stellte ich tiefergehende Fragen. Als klar war, worum es eigentlich ging, verdeutlichte ich mit lösungsorientierten Fragen, welche Folgen es haben könnte, wenn wichtige Zusammenhänge nicht geklärt werden. Beide zeigten sich einsichtig. Ines war seit 5 Jahren schwer krank und es ging ihr immer schlechter. Wir arbeiteten heraus, ob sie es sich selbst wert waren, umzudenken. Indem sie nun lernten, sich selbst zu lieben und die alten Muster zu überwinden, wollten sie sich eine Chance geben. Im nächsten Schritt schauten wir gemeinsam, was sie sich gegenseitig wert sind, wie stark also die Liebe zwischen ihnen ist und wie sehr der andere noch als zukünftiger Partner gewünscht wird. Als beiden klar war, dass sie eigentlich eine gute Basis miteinander haben, die gegenseitige Liebe und Wertschätzung füreinander vorhanden ist, konnte die echte Paararbeit beginnen. Ab da zeigten beide ihre Bereitschaft, sich die ständigen Streitigkeiten zu verzeihen und Konsequenzen in Kauf zu nehmen, um die Situation positiv für alle zu verändern. Sie zogen zusammen in einen anderen Ort. Gerd positionierte sich klar zu Ines und grenzte sich gegen die Intrigen seiner Exfrau ab. Ines ist wieder gesund. Sie leben nun schon seit acht Jahren glücklich zusammen. Das Verhältnis zu den Kindern von Gerd hat sich verbessert, da Gerd diese Spielchen erkannte und einfach nicht mehr mitmachte. So konnten die Kinder endlich auch Ines akzeptieren. Von Zeit zu Zeit bekomme ich immer noch Dankesbriefe und -mails von dem Paar. Aber meine Hilfe war nur möglich, weil sie selbst mutig waren und einen tieferen Einblick in ihre Situation nahmen. Letztlich funktionierte es auch, weil sie bereit waren, für sich selbst und für das, was ihnen wichtig ist, einzustehen.

Mit dem vorangegangenen Beispiel möchte ich zeigen, dass Machtkämpfe meist dann entstehen, wenn wir – unter Umständen auch unbewusst – befürchten, dass etwas eintritt, was wir vermeiden möchten. Oft hinterfragen wir nicht, ob unsere Befürchtungen überhaupt begründet sind.

Wir verwechseln Liebe oft mit eigenen Bedürfnissen. Der andere soll uns glücklich machen. Er soll uns zeigen, dass er uns liebt. Vielleicht hast du auch schon gehört: „Wenn du mich lieben würdest, würdest du mir das nicht antun." Aber all das hat mit der eigentlichen Liebe nichts zu tun. Wir sind in erster Linie selbst dafür verantwortlich, uns um uns selbst zu kümmern, uns zu lieben und zu schützen. Denn die Kindheit ist vorbei. Natürlich ist es auch wichtig, sich gegenseitig sozial soweit zu unterstützen, wie dies für uns möglich und mit den eigenen Bedürfnissen vereinbar ist. Wenn jeder sich ausreichend um sich selbst kümmern würde, dann herrschte bestimmt mehr Frieden in der Welt. Fast jeder erwartet vom anderen mehr, als er selbst leisten kann, weil seine eigenen Bedürfnisse unerkannt und somit unbefriedigt bleiben. Doch ein anderer kann und will das nicht decken. Und das hat nichts mit Liebe oder mangelnder Liebe zu tun. Nur mit mangelnder Selbstliebe und Selbstbeachtung.

Wenn es zum Machtkampf gekommen ist und die Fronten verhärtet sind, besteht ein nächster Schritt im Vergeben und

Verzeihen. Schuldzuweisungen bringen keinem etwas. Wenn jemand meint, den Kampf zu gewinnen, haben automatisch beide verloren. Man gewinnt hier nur, wenn man die Schuldfrage nicht (mehr) stellt.

In dieser Form macht Liebe stark, frei, gesund, kräftig, dynamisch, kreativ, zärtlich, achtsam, intelligent und charismatisch.

- Liebe statt zu urteilen.
- Fühle, statt zu denken.
- Stell dich deiner Verantwortung für dich selbst!

Selbstverachtung anstatt Liebe?

Haben wir bis hierhin also festgestellt, dass die sogenannte Liebe doch oft nur ein Erpressungswort oder ein hormoneller Rauschzustand ist. Beides führt jeweils in die Selbstverachtung und damit in die Selbstverleugnung.

Aber was haben denn die Anderen davon, wenn du dich ständig selbst verleugnest? Wir haben ja oben schon nachgedacht und festgestellt, dass dich das letztendlich krank und hilflos macht. Du wirst abhängig und wirst die Hilfe anderer benötigen, die dich dann vielleicht nicht mehr romantisch lieben, wenn du unbequem wirst. Niemand kann auf Dauer die Wertschätzung für jemanden aufrechterhalten, der sich selbst verleugnet. Und somit dreht sich die destruktive Spirale der vorher noch so hochgelobten Liebe in die vernichtende Richtung.

Aber ist Liebe denn dann sinnlos? Nein. Liebe ist überhaupt die Essenz, die dich und mich und die ganze Welt erst ausmacht und entstehen lässt. Aber Liebe ist gänzlich etwas anderes, als das, was du bisher vermutlich gelernt und geglaubt hast.

Nein, Liebe ist nicht sinnlos oder gefährlich. Und auch du bist nicht das, was du gehört hast. Denn du warst auch schon da, bevor du es gelernt hast. Du kannst dich daran nur nicht mehr erinnern.

Wie ist denn dein Glaube daran, was du denkst zu sein, entstanden? Wer hat dir das beigebracht? Vielleicht war es ja sogar für dich überlebenswichtig, als du noch ein Kind warst, diesen Glauben auch zu übernehmen. Aber ist es jetzt auch noch richtig? Und brachte es dir wirklich jemals den Vorteil, den du dir davon heute erhofft hattest? Oder bist du nicht viel eher darin „gefangen"? Vielleicht sogar so sehr, dass du denkst, du bist das, was du glaubst. Aber es ist nur die Identifikation mit deinen Gedanken und Glaubensmustern.

Selbstliebe ist der Schlüssel

Selbstwertschätzung, Selbstachtung, Selbstfürsorge und Selbstverantwortung, das sind die Anteile der Selbstliebe. Ein liebender Mensch, der sich gut versorgt, ohne Gier (das wäre wieder Angst), wird immer für andere mitdenken wollen. Wir sind alle soziale Wesen und in jedem steckt der Wunsch, es möge allen gut gehen. Die Meisten wissen nur nicht, wie das gehen soll.

Ich habe für dich eine gute Botschaft: Du kannst es lernen!

Warum es einfach ist, sich selbst zu lieben

Weil Liebe und damit auch die Selbstliebe das Natürlichste ist, was in dir ist: deine Liebe zu dir, zu allen anderen Wesen und allem, was existiert. Du hast nur eine Menge gelernt, was dich blockiert, und somit hast du verlernt, dich selbst zu lieben und zu achten. Und vielleicht hast du noch nie ein Rechenexempel dazu gemacht, was dir verdeutlicht, dass es viel einfacher ist, sich selbst zu lieben, als zu hoffen, geliebt zu werden.

Nimm dein Arbeitsbuch zur Hand und lasse folgende Fragennach [4]Byron Katie „The Work", auf dich wirken:

- Wie viel Kraft in deinem Leben hast du schon investiert, um
- geliebt zu werden?
- Was hat es dich gekostet (Energie, Kraft, Entbehrung)?
- Hat es dich zum angestrebten Ziel geführt?
- Und wie wird es weiter gehen, wenn du so weiter machst?

Beantworte bitte jede einzelne Frage nacheinander ganz in Ruhe. Lass deine Antworten, die du ebenfalls aufschreibst, auf dich wirken.

Dann frage dich wieder: Was hättest du mit dieser Energie

stattdessen tun können, wenn du dich selbst geliebt hättest? Wie wäre dein Leben verlaufen? Wer könntest du sein? Wie könnte dein Leben ab heute weiter verlaufen?

Auch hier beantwortest du diese Fragen schriftlich und ziehst ein Resümee. Wäre es nicht viel einfacher, dich selbst zu lieben?

Dann will ich dir helfen, das auch zu erreichen. Hier in diesem Buch, damit du verstehst, welche Hintergründe das Thema beeinflussen, und lernst, dich selbst darin zu verstehen.

Mit den jeweils angefügten Übungen begleite ich dich Schritt für Schritt dabei, dich zu reflektieren und alte Glaubensmuster nicht nur zu hinterfragen, sondern sie auch hinter dir zu lassen.

Die tiefe Sehnsucht, geliebt zu werden

Diese Sehnsucht danach, geliebt zu werden, kennt vermutlich jeder. Und sicher ist sie ein Teil unseres Menschseins. Wir sind soziale Wesen und wollen ein Teil eines größeren Teils sein. Wir wünschen uns Zugehörigkeit. Noch vor wenigen Jahrhunderten war ein Überleben außerhalb einer Gruppe so gut wie unmöglich. Deshalb ist es in unseren Genen verankert, dass wir geliebt und gemocht werden möchten, dass die Menschen sich wie Herdentiere lieber bis zur Unkenntlichkeit anpassen, anstatt gegen die Hoheitsregeln der Gruppe zu verstoßen.

Jedoch ist das ein Überbleibsel aus einer anderen, längst vergangenen Zeit. So tragen wir noch einen Restanteil des Tieres in uns, das wir nicht mehr sein müssen. So ist z. B. auch unser Steißbein ein Überbleibsel aus einer früheren Zeit, ein Rudiment der Schwanzwirbel der Wirbeltiere. Er hat sich im Laufe der Jahrzehnte zurückgebildet, weil er nicht mehr gebraucht wird.

Genauso gibt es diese genetische Codierung in uns, die uns sagt, dass wir aus der Gruppe nicht ausbrechen dürfen und dass wir alleine nicht überleben können. Das ist aber nur eine Illusion. Diese Botschaft wird von deinem Reptilienhirn (Stammhirn, Urhirn) gesendet. Dieser Teil hat sich vor ca. 500 Millionen Jahren gebildet und in ihm sind tief liegende unbewusste Reaktionsmuster eingespeichert, die dem Menschen in einer Zeit das Überleben sicherten, als er noch fast täglich Gefahren durch Tiere oder andere Menschen ausgesetzt war. Es funktioniert auch heute noch einwandfrei. Sobald wir Angst haben, dass Dinge sich grundlegend verändern, verfallen wir in alte, eingefahrene Muster, die unsere Existenz sicherten.

Wie sehen diese Angstmuster aus?

• Starre, das Gefühl der Lähmung – Schreckstarre (u. a. auch Totstellreflex genannt)

Die Atmung wird kürzer und flacher, die Luft wird immer wieder eine Weile angehalten, um die Gefühle, die diese Angst auslöst, zu vermeiden. So versucht man, die Kontrolle über die Situation zu behalten.

• Angriff als Verteidigung

Vielleicht kennst du diese Reaktion von dir oder von anderen.

Bevor die Sachlage noch richtig geklärt werden kann, gibt es schon einen Angriff. Jede Klärung wird im Keim vernichtet.

- Flucht

Hier gibt es verschiedene Formen der Flucht.

- Nichtzuhören, sich taub stellen – Flucht nach innen
- Die Situation vermeiden durch Weggehen oder Ausweichen
- Mit Ablenkung, Sex, Arbeit, Witzen oder Drogen die
- Situation vermeiden
- In die Opferfalle gehen und hilflos sein (die Regression, das
- Zurückfallen auf eine frühere Stufe des Kindseins)
- Anpassung, ohne darüber nachzudenken, ob das langfristig sinnvoll ist (die Teile des Gehirns, die darüber nachdenken könnten, sind für diesen Moment blockiert)

Auch die Anpassung ist eine Form der Regression. Das Kind macht, was die Eltern wollen, um sozial akzeptiert und integriert zu sein. Der erwachsene Mensch geht in die Abhängigkeit und verleugnet sich selbst, so wie Kinder. Es entsteht ein Machtgefüge, aus dem er sich nur schwer wieder befreien kann, ohne diese Kämpfe dann doch durchstehen zu müssen.

All das sind uralte Reaktionsmuster, die in einer echten Lebensgefahrensituation durchaus Sinn ergeben. Doch diese Art [5]Affekte stellen sich auch bei Verlustängsten ein und führen dazu, dass du möglicherweise nicht so reagieren kannst, wie du dir gewünscht hättest. Du realisierst vielleicht erst später, was da eigentlich genau passiert ist.

Fallbeispiel:

Phil hat starke unsichere Persönlichkeitsanteile in sich. Das bedeutet, er hat sehr oft das Gefühl, nicht genug zu sein, etwas nicht zu können oder nicht zu schaffen. Eines Tages lernt Phil eine sehr hübsche Frau namens Mia kennen, die sehr selbstbewusst, talentiert und autark ist. Sie schätzt ihn sehr für die großartige Arbeit, die er für seine Stiftung leistet. Phil ist also durchaus sehr integer, hat große Projekte, die er bei den Behörden vertritt. Er leistet echte Pionierarbeit für die Menschheit, indem er seine guten Ideen für eine große Menge an Menschen umsetzt. Mia findet ihn auch optisch attraktiv. Seine gefühlten Mängel existieren ihr gegenüber folglich nur hypothetisch. Trotz starker gegenseitiger Anziehung und Begeisterung deutete er jede ihrer Reaktionen so, als würde sie ihn nicht lieben. Sie hatte keine Chance. Er ging ihr oft an den Wochenenden aus dem Weg, weil er sich nicht stark und gut genug für sie fühlte. Als sie ihm gegenüber aussprach, wie sehr sie unter ihren seltenen Treffen leidet, deutete er es als seine Unzulänglichkeit, sie glücklich zu machen. Er ging ihr noch mehr aus dem Weg. Mia gab irgendwann von allein auf. Phil betrauerte nach wie vor in erster Linie, dass er nicht gut genug für sie war. So erfüllte sich am Ende seine Angst.

Ein anderer Fall:

Adrian kommt zu mir in die Praxis, weil er meist sehr kurze Partnerschaften hat. Er leidet unter der Einsamkeit und erzählt mir von seiner letzten Beziehung. Er berichtet davon, dass er bei Auseinandersetzungen mit seiner Partnerin schnell laut und angreifend agiert. Er fühlt sich schnell angegriffen. In dieser, für ihn sehr emotionalen Situation kann er nicht prüfen, ob seine Wahrnehmung stimmt, weil er nicht mehr klar denken kann. Tief in ihm existiert eine Verlustangst, weshalb er keine Fehler machen möchte und somit auch keine zugeben kann. Aus seiner Kindheit erlebte er, dass er für Fehler stark bestraft wurde und ihm die Eltern ihre Liebe und Zuwendung entzogen. In seinen Partnerschaften, aber auch in den Beziehungen zu anderen nahestehenden Menschen, reagiert er aus diesem Muster heraus. Er fühlt sich angegriffen und geht sehr schnell zum Gegenangriff über. Seine Partnerin erlebt ihn also aggressiv. Eine gute Auseinandersetzung ist auf dieser Ebene unmöglich. Die Konflikte eskalieren und er beendet wieder mal eine Partnerschaft, weil er meinte, dass sie wohl nicht zusammenpassen. Jedoch kann seine Partnerin auch ihrerseits keinen Konflikt mit ihm lösen, wenn er sie als Feind sieht, sobald eine Kritik im Raum steht. Also handelt er nach diesem Muster aus seiner Kindheit. Er verlässt, damit er nicht verlassen wird.

Du hast sowohl genetisch angelegte als auch als Kind erworbene bestimmte Muster eingespeichert. In der Kindheit entstehen solche Muster durch Situationen, die dich überfordern. Manche Muster sind auch schon in deinen Eltern oder Großeltern genetisch angelegt und wurden an dich weitergegeben. Sie werden durch negative Erfahrungen angeschaltet. Diese Muster haben sich etabliert, weil du bis heute überlebt hast. Doch zu welchem Preis?

Du bist kein Kind mehr. Dennoch hast du diese Anteile in dir, obwohl du sie nicht mehr brauchst und sie dich vielleicht sogar in deinem Handeln behindern. Die gute Nachricht: Du kannst diese Muster durch die Innere-Kind-Arbeit ablegen bzw. umprogrammieren. In meiner Praxis leite ich solche Verarbeitungsprozesse im Rahmen der Heilreisen an. Sie sind ein wichtiger Bestandteil meiner Arbeit mit Menschen auf ihrem Weg zu ihrer inneren geistigen und seelischen Freiheit! Nach einer solchen heilsamen Arbeit wirst du noch Restmuster fühlen, doch du kannst lernen, dich um diese Anteile zu kümmern und in solchen Situationen nicht mehr auf diese alten dysfunktionalen Muster zurückzugreifen, sondern souverän zu reagieren.

Die Flucht vor sich selbst führt in die Sucht

Entscheidest du dich dennoch dazu, diese alten Muster der Angst weiterhin zu leben, verstärken sich diese immer mehr, je älter du wirst.

Das Ausleben dieser verschiedenen Angstreaktionen macht dich letztendlich einsam. Genau das, was du verhindern wolltest, geschieht also durch dein Vermeidungsverhalten. Denn wer flüchtet, verliert nicht nur den lebendigen und authentischen Kontakt zu anderen, sondern auch zu sich selbst.

Man ist dann sogar einsam in Gegenwart anderer. Das fühlt sich noch schlimmer an, als die Einsamkeit mit sich allein. Alleinsein muss sich nicht zwangsläufig schlimm oder bedrohlich anfühlen. Wenn du gelernt hast, für dich allein zu sein und dich zu genießen in der Stille, wirst du eine Art Geborgenheit empfinden, die dir gleichzeitig das Gefühl der Freiheit schenkt. Du wirst dich im Urvertrauen aufgehoben fühlen.

Deine Angst vor dem Alleinsein löst sich nicht durch Verdrängung und auch nicht dadurch, dass du dich mit irgendetwas oder irgendjemanden ablenkst. Sie bleibt so lange in dir als unerledigtes Gefühl vorhanden, bis du dich ihr stellst.

Das Vermeiden dieser unangenehmen Emotionen, die diese Angst vor dem Alleinsein auslöst, führt langfristig in eine Sucht.

Süchte fundamentieren nicht selten in späteren Stadien die Flucht vor Gefühlen. Das trifft auf alle stoffbedingten und nicht-stoffbedingten Süchte zu.

Umgekehrt verhält es sich ebenso.

Jede Sucht fußt auf dem Vermeiden von Gefühlen, die verdrängt und nicht verarbeitet wurden. Darunter liegen immer Ängste und Verletzungen, die man nicht bereit war anzusehen, anzunehmen und somit auch zu heilen.

Es ist nie zu spät, umzulernen!

Es ist nie zu spät, alte, verdrängte Gefühle anzusehen und zu heilen. In kleinen Schritten. Solltest du von einer Sucht betroffen sein, dann ist der erste Schritt, dir das einzugestehen und dann hole dir bitte fachkundige Hilfe.

Es gibt eine Sucht, über die kaum jemand spricht, weil fast jeder davon betroffen ist, wenn er nicht daran gearbeitet hat. Da sind wir wieder bei der anfangs erwähnten (Sehn-)Sucht danach, geliebt oder gebraucht zu werden. Die Sehnsucht nach Liebe und Anerkennung gehört zu den Grundbedürfnissen eines Menschen. Jeder Mensch möchte soziale Kontakte und dazugehören. Wie bei vielem ist jedoch das gesunde Mittelmaß wichtig. Weder Flucht und Vermeidung sind gesund noch die Sucht nach Anerkennung, wie sie sich z. B. bei Narzissten äußert.

Ich habe in meiner langen Arbeit mit Menschen eine Technik entwickelt, die ich die Gefühlsklärungsarbeit© genannt habe. Mit dieser Technik lernen meine Klienten, wie sie diese ungeliebten Gefühle in einem sicheren Rahmen fühlen, annehmen und transformieren können. Es ist keine magische Technik, sondern ein Vorgang, den du früher als Kleinkind noch intuitiv angewendet hast. Erst später lernt das Kind, diese Gefühle aus Rücksicht auf andere zu vermeiden, und es verlernt am Ende diesen wunderbaren, von der Natur angelegten Heilungsprozess.

Du kannst diese Fähigkeit durch regelmäßige Übung zurückerlangen. Es funktioniert wie ein Reinigungsmechanismus. Nach und nach leeren sich die alten Speicher mit dem emotionalen Ballast der Vergangenheit. Und du bist frei für die wunderbaren Gefühle, die darunter liegen.

Denn man weiß heute auch in der Psychologie: Es gibt in der Seele nur zwei Grundgefühle. Was denkst du, welche das sind?

Die Meisten antworten hier: Liebe und Angst (oder statt Angst nennen sie manchmal auch Wut, Hass etc.). Aber das zeigt nur, wie sehr der Mensch seine wahre göttliche und wundervolle Natur vergessen hat. Denn die Antwort ist überraschend: Liebe und Freude! Wenn man diese überhaupt als Gegensatzpaar sehen möchte, dann ist es die passive Liebe, die alles okay findet, so wie es ist. Und die Freude, die aktive Form der Liebe, die gerne Dinge anpackt und neugierig das Leben lebt und ausprobiert.

Woher kommen denn dann die negativen Emotionen? Es sind Affekte, die durch Gedanken des Mangels ausgelöst werden. Meist beginnt es mit Angst. Ob diese nun bewusst oder unbewusst wahrgenommen wird, ist typabhängig, wird also von seinen Genen und früh erlernten Mustern bestimmt.

Der Eine, der eher gelernt hat, in die Opferrolle zu gehen, wird vielleicht eher traurig. Der Andere, der gelernt hat, dass er lieber zuschlägt, bevor ein anderer es tut, wird direkt danach Zorn oder Wut fühlen. Daraufhin wiederum bauen sich weitere Gedanken auf, die wieder destruktive und unangenehme Emotionen auslösen. Und das Alles, weil das Hauptgefühl Angst am Anfang nicht gefühlt wurde!

Durch Gefühlsklärungsarbeit© werden diese Emotionen und Gedanken nach und nach angenommen und können gehen. Es entsteht wieder Raum und die ursprünglichen Gefühle von Liebe und Freude werden wieder fühlbar und erfahrbar!

Übung:

Nimm dein Arbeitsbuch und schreibe auf eine Seite:

1. Warum ich mich bisher nicht selbst geliebt habe.
   Und auf die andere Seite schreibst du:
2. Was spricht dafür, mich selbst zu lieben?

3. Wie könnte mein Leben aussehen, wenn ich mich ab jetzt liebe? Was wäre dann möglich, was zuvor nicht möglich erschien?

GLAUBENSSÄTZE

Glaubenssätze sind die Basis unserer Muster, die wir als Kind frühzeitig entwickelt haben, um uns in dieser Welt automatisiert zurechtzufinden. Sie entwickeln sich schon in den ersten Wochen, wenn das Ungeborene in der Gebärmutter heranreift. Hirnforscher haben herausgefunden, dass wir einen Teil unserer Prägung erben, einen anderen Teil in der Schwangerschaft und den ersten Wochen unseres Lebens entwickeln.

Diese Muster dienen dazu, später im Leben mit dem Umfeld (Menschen, Situationen und Lebensbedingungen) im höchsten Maß kompatibel zu sein. Der Fötus nimmt schon früh feinste Schwingungen und Situationen wahr und entwickelt vermeintlich passende Gehirnstrukturen dazu.

Die in dieser Zeit entwickelten Muster sind das ganze Leben lang ziemlich stark und werden durch andere Situationen, die das Programm bestätigen, weiter gefestigt. Je älter der Mensch wird, desto kräftiger werden diese Strukturen. Doch änderbar oder abwandelbar sind sie ein Leben lang.

Jedoch ist es gut zu wissen, dass diese Muster sich immer wieder in schwierigen Situationen selbst auf den Plan rufen und automatisch alte Gefühle mit ins Spiel bringen. Es ist also nicht gut, sich mit seinen Gefühlen zu stark zu identifizieren, denn sie sind angelernt, wie die Gedanken auch.

Zu diesen Gefühlen und Reaktionsmustern gibt es später passende Glaubenssätze, die sich in diesem Zusammenhang im Gehirn verknüpft haben und wiederum Gefühle auslösen. Sie sitzen fest wie eine Programmierung und lenken den Menschen so lange immer wieder in die gleiche Richtung, bis dieser erkennt, was da passiert, und sich damit reflektierend auseinandersetzt. Ab da ist eine Änderung möglich.

Selbstliebesfallen-Mythen

Welche Glaubenssätze hast du in dir in Bezug auf die Selbstliebe? Warum hast du dich bisher nicht selbst geliebt, geachtet und vollständig angenommen?

Ich zähle mal einige Glaubenssätze auf, die wohl am häufigsten sind. Sicherlich wirst du auch einige davon bei dir finden.

Negative Glaubenssätze

- Ich bin nicht wichtig.
- Ich bin hilflos.
- Ich bin zu hässlich / klein / groß / dick / dünn / schlau /
- dumm etc.
- Ich habe immer Pech.
- Ich bin es nicht wert, dass man mich liebt.
- Ich bin nicht okay.
- Ich bin zu schüchtern.
- Mädchen / Jungs dürfen das nicht.
- Ich bin für mich alleine wertlos.

- Ich bin es nicht wert.
- Ich ziehe immer den Kürzeren.
- Am Ende verliere ich ja doch.
- Der Klügere gibt nach.
- Es ist gefährlich, im Licht der Aufmerksamkeit zu stehen.
- Die Bedürfnisse der anderen Menschen sind wichtiger.
- Ich will nicht auf dieser Erde sein.
- Ich muss mich verändern / anders werden.

Glaubenssätze werden oft unbewusst angelegt und existieren so lange, wie du sie in dir ungeprüft bestehen lässt. Mit jedem Mal, wenn du ihnen erneut Glauben schenkst, verstärken sie sich.

Übung:

Schreibe deine eigenen negativen Glaubenssätze auf und prüfe sie.

Schreibe zuerst alle Glaubenssätze auf, ohne darüber nachzudenken. Intuitiv wirst du sie finden und notieren. Lass dir dafür Zeit. Wenn dir keine weiteren mehr einfallen, dann gehe dazu über, sie zu prüfen.

Fang mit dem obersten Glaubenssatz an, den du aufgeschrieben hast, und frage dich: „Ist es wahr?" Und dann frage dich wieder: „Kann ich ganz sicher sein, dass es wahr ist?" Wenn du diese Frage beantwortet hast, wirst du vermutlich feststellen, dass ein Teil in dir sicher ist, dass es stimmt, was der Glaubenssatz sagt, während ein logischer Anteil in dir weiß, dass es nicht stimmt. Denn bestimmt kennst du Menschen, auf die das nicht zutrifft.

Nun stelle dir die Frage: „Was hat es mich bisher gekostet, dass ich so denke?" Schreibe auf, was dir dazu einfällt, und lass dir bitte auch Zeit, die Gefühle zuzulassen, die nun in diesem Zusammenhang auftauchen. Vielleicht fühlst du jetzt die alten Emotionen, die du in der Vergangenheit nicht bearbeiten konntest. Lass sie fließen, damit sie gehen können.

Nächste Frage: „Wieviel Energie hat mich dieser Glaubenssatz in meinem Leben bisher gekostet?" Vermutlich wird diese Prozentzahl sehr hoch sein. Denn ohne diesen enormen Kraftaufwand ist es kaum möglich, so falsche und destruktive Muster festzuhalten.

Weiter geht es mit der Frage: „Wer könntest du sein, wenn du diesen Glaubenssatz nicht hättest?" Und: „Wie könnte dann dein Leben weiter gehen, wenn du diesen Glaubenssatz gehen lassen könntest?"

Dann bleibt noch die Frage: „Möchtest du diesen Satz loslassen?"

Wenn du dies mit „Ja" beantworten kannst, dann sage dir: „Ich weiß, dass ich diesen Glaubenssatz in mir trage. Aber das kann sich ändern. Ich will, dass dieser Glaubenssatz jetzt sofort verschwindet!" Dann atme einige Male tief ein und aus. Denke beim Einatmen an den großen blauen Himmel über dir und beim Ausatmen an den Boden unter deinen Füßen. So atme nun einige Male tief ein und aus. Somit hast du den Glaubenssatz entlassen.

So kannst du nach und nach alle negativen Glaubenssätze auflösen. Nimm dir jeden Tag ein paar vor, um sie zu bearbeiten.

Danach ist es an der Zeit, positive Glaubenssätze zu finden und zu etablieren.

Positive Glaubenssätze

- Ich bin liebenswert.
- Ich bin wertvoll.
- Ich habe Glück verdient.
- Ich bin gut aufgehoben.
- Ich bin sicher und geborgen.
- Ich habe das Recht, mir meine Bedürfnisse bewusst zu
- machen.
- Ich erlaube es mir, mich voll und ganz zu lieben.
- Ich bin perfekt, genauso, wie ich bin.
- Ich liebe mich.
- Ich liebe meinen Körper, meine Augen, meine Nase, meinen Mund, meine Haare, meine Ohren und mein gesamtes Gesicht .... (Liste kann mit dem gesamten Körper fortgesetzt werden).
- Ich bin vollkommen.
- Ich werde von Gott und der Schöpfung unendlich geliebt.
- Ich bin dankbar für mein Leben.

Fülle die Liste mit positiven Glaubenssätzen im Laufe der Zeit mehr und mehr aus und lese sie so oft wie möglich. Starke und für dich wichtige Glaubenssätze kannst du auch als Zettel an prominente Stellen in deiner Wohnung heften, damit es sich für dich leichter einprägt.

Sollten noch negative Glaubenssätze übrigbleiben, die du nicht auflösen kannst, dann nimm dir Zeit, die folgenden Fragen alle einzeln ausführlich in deinem Arbeitsbuch zu beantworten.

1. Deine Antworten, warum du dich bisher nicht geliebt hast,

   a) sind deine Befürchtungen berechtigt?

   b) Und was kostet es dich, so zu denken?

   c) Gibt es Möglichkeiten, dich selbst zu lieben und das, was du fürchtest, zu vermeiden? Welche anderen Wege gibt es?

   d) Schaue dir noch einmal die Gründe für deine bisherige Vermeidung, für die du nun keine andere Möglichkeit siehst, aus einem anderen Blickwinkel an. Könntest du die Nachteile, die daraus realistisch entstehen, vielleicht auch einfach akzeptieren?

2. Dann betrachtest du die Antworten, die du zu deiner zweiten Frage notiert hast.

   a) Hast du das bisher so gelebt? Könntest du es noch verbessern? Schreibe deine Ideen dazu auf.

   b) Manches hast du vielleicht auch schon so gelebt.

Was könntest du daran noch verbessern? Schreibe auch hier deine Ideen dazu auf.

3. Nun prüfe noch einmal ganz realistisch, ob und wie du deine neuen Erkenntnisse für dich und andere gewinnbringend einsetzen könntest. Notiere dein Fazit in dein Arbeitsbuch und markiere es in einer deutlichen Farbe, z. B. rot, damit du es leichter wiederfindest. Dein Fazit ist nun auch deine Strategie für die Zukunft.

Solltest du dich nun noch immer nicht dafür entscheiden können, demnächst alles dafür zu geben, dich selbst zu lieben und damit in eine gesunde Mitte zu finden, dann verschenke dieses Buch bitte, damit mit es wenigstens noch jemandem hilft, der bereit ist, sein Leben in ein glückliches und erfolgreiches Leben zu verwandeln. Im nächsten Kapitel ist es an dir, die Entscheidung zu treffen, ob du den neuen Weg mit mir weitergehen und dafür deine alten Glaubenssätze loslassen möchtest.

Bist du nicht bereit, dann bleiben dir zwei Möglichkeiten. Du kannst so weiter machen wie bisher oder dich erst einmal mit den Nachteilen abfinden und deine Opferrolle mit Fassung tragen. Bedenke: Nur du kannst dir selbst helfen, wenn du die volle Verantwortung für dich übernimmst. Kein anderer Mensch kann das für dich tun.

Wenn du später bereit bist für die positiven Veränderungen in deinem Leben, dann nimm dir gern wieder dieses Buch oder melde dich bei mir. Nun weißt du, warum du dein Leben bisher so und nicht anders gelebt hast. Doch du hast die Chance, mit diesem Wissen etwas zu verändern.

Es liegt nun an dir, dich noch einmal ganz klar, und mit jedem Mal etwas klarer, für dich zu entscheiden!

HERZLICHEN GLÜCKWUNSCH! DU HAST NUN EINE WICHTIGE ENTSCHEIDUNG FÜR DEIN LEBEN GETROFFEN.

Wenn du dich wie alle anderen meiner Klienten, die über längere Zeit mit mir gearbeitet haben und somit ihr Leben in ein sozial, gesundheitlich, spirituell und finanziell glückliches und selbstbestimmtes Sein verwandelt haben, dafür entscheiden möchtest, dann geht es jetzt so richtig los für dich!

Dann schreibe diesen Tag heute in deinen Kalender.

Es ist dein neuer Geburtstag! Ab heute wirst du den Weg auf einer anderen Ebene in ein freies und unbeschwertes Leben voller Leichtigkeit und Freude beschreiten!

Jedem Anfang wohnt ein Zauber inne.
Hermann Hesse

GESETZ DER RESONANZ

Warum andere Menschen für dich ein Spiegel sind

Hast du schon einmal gehört, dass es ein Gesetz der Resonanz gibt, was besagt, dass andere dir lediglich das spiegeln, was du von dir selbst denkst? Weißt du denn auch, wie dieses Gesetz funktioniert?

Wenn du über dich denkst, dass du nicht schön und nicht wertvoll bist, dann wirst du genau das (unbewusst) auf andere projizieren. Dein Umfeld spürt das (unbewusst) und reagiert absolut passend dazu.

Ich werde jetzt nicht bis ins Detail auf dieses Spiegelgesetz eingehen. Das würde den Rahmen dieses Buches sprengen. Dazu plane ich in Zukunft ein weiteres Buch, wo es gesondert Platz finden soll.

Meist ist dir gar nicht bewusst, was du alles über dich selbst denkst, weil du deinen Blick mehr nach außen richtest und dich fast nie selbst so tief von innen erforschst. Menschen, die sich nicht ausreichend lieben, vermeiden den Blick nach innen, weil es ihnen Angst macht. Die unbearbeiteten und verletzten Kindheitsanteile sind furchteinflößend. Da schaut man lieber nach außen und hofft darauf, dass sich die Wunden von alleine heilen.

Vermutlich hast du schon mal den Spruch gehört: „Die Zeit heilt alle Wunden." Das ist auch so ein falscher Glaubenssatz. Denn die Zeit heilt nicht deine seelischen Wunden. Der Körper repariert auch ohne deine bewusste innere Aufmerksamkeit. Aber wenn du negative Erfahrungen gespeichert hast, dann senden sie ständig Signale. Diese Signale werden von dir selbst und von anderen empfangen und lösen wiederum Reaktionen hervor. So entstehen neue Gedanken, Gefühle und Handlungen, die genau auf diese verdrängten Anteile passen.

Wenn du also schlecht über dich denkst, dann ist es wichtig, dass du mit diesen Anteilen heilend arbeitest. Wie schon an anderer Stelle erwähnt, gibt es da eine Menge heilsame Techniken, die ich auch in meiner Praxis anwende und andere Therapeuten und Coaches lehre.

Doch möchte ich jetzt mehr auf deine Gedanken eingehen. Denn eine weitere Technik besteht darin, nicht nur Altes zu heilen, sondern auch neue kraftvolle Anteile zu stärken und positive Haltungen zu erlernen.

So wie du einst gelernt hast, negativ über dich zu urteilen, kannst du jetzt positive Ansichten von dir einüben.

Statt „ich liebe dich", denke „ich liebe mich"

Am Anfang wird es dir etwas seltsam erscheinen, wenn du zu dir selbst sagst: „Ich liebe mich!" Das liegt einfach daran, dass du gelernt hast, so zu denken und ein Schuldgefühl zu bekommen. Deshalb ist es wichtig, immer wieder zu üben. Häufiger hast du sicherlich schon gedacht oder gesagt: „Ich liebe dich."

Übe dich darin, dir immer wieder laut und in Gedanken zu sagen: „Ich liebe mich."

Positive Merkmale von dir finden

Schreibe mindestens 10 Merkmale von dir auf, die du an dir positiv findest. Auch das kann am Anfang Unbehagen bereiten. Geh über dieses seltsame Gefühl einfach hinweg und schreibe diese 10 Punkte auf. Das darf alles sein, was dir von dir selbst spontan einfällt, egal ob charakterliche Vorzüge, Talente oder körperliche Merkmale. Gerne dürfen es mehr als 10 sein, aber nicht weniger. Das wird dir immer leichter fallen, je häufiger du das machst. Lass dir ein paar Tage Zeit, die Liste immer mehr zu erweitern.

Falls dir zu wenig einfällt, dann frage deine Freunde, was sie an dir mögen, reflektiere und versuche, diese positiven Eindrücke aus ihrer Sicht zu sehen. Dann übertrage es in deine Liste.

Wenn die Liste lang genug ist, dann lass darunter Platz, damit du immer noch etwas dazu schreiben kannst, wenn dir mal etwas einfällt oder jemand dir ein Kompliment macht.

Nachdem du genug Platz gelassen hast, gehe ins Detail und übernehme einen Punkt aus der Liste, schreibe ihn erneut auf und beschreibe es genau. Warum ist das so besonders an dir? Was macht es aus? Und womit ist es verbunden. Beispiel: „Ich habe schöne Augen." Detail: „Meine Augen haben ein besonders außergewöhnliches Blau, was manchmal die Farben wechselt, je nachdem, welche Stimmung ich gerade habe. Meine Augen sind mandelförmig und die langen Wimpern dazu schwingen so schön nach links."

Übe dich darin, dir zu gestatten, dich so zu sehen. Lerne über die inneren Hindernisse hinweg zu gehen. So werden die kritischen Stimmen dazu leiser und mit der Zeit weniger.

Die Übung vor dem Spiegel:

Siehst du dich gern im Spiegel? Nimmst du dir genügend Zeit, dich zu beobachten und genau anzuschauen? Wie geht es dir damit?

Wenn auch das ein unangenehmes Gefühl der Unzulänglichkeit auslöst, dann ist das ein sicheres Zeichen, dass du dir mehr Zeit für dein Spiegelbild nehmen solltest. Setze dich jeden Tag mindestens 10 Minuten vor einen Spiegel. Vielleicht hast du eine Kommode, wo du es dir auf einem Stuhl bequem machen kannst. Oder du platzierst einen Spiegel auf einem Schreibtisch an der Wand, so dass du dich anschauen kannst. Schau dir in die Augen. Beobachte dich wohlwollend. Das ist dein Körper, der dich durch dein Leben trägt.

Führe später auch Telefongespräche vor dem Spiegel und beobachte dich. Es kann sein, dass dir auffällt, dass du nicht immer so wirkst, wie du dachtest. Denn wenn du es bisher nie geübt hast, dich im Spiegel zu reflektieren, dann wirst du manches entdecken, was du bisher an dir noch nicht kanntest.

Nimm Audioaufnahmen von dir auf:

Bei deiner Stimme wird es ähnlich sein. Ein ungutes Gefühl kann auftauchen, das Gefühl, dass du dich schämst und damit aufhören möchtest, wenn du die Audioaufnahmen anhörst. Die Stimme klingt in dir selbst anders, als wenn du sie von außen hörst. Gewöhne dich an diese Stimme.

Übe mit deiner Stimme das auszudrücken, was du eigentlich sagen wolltest. Probiere aus, wie es sich anhört, mit der Betonung zu spielen. Kannst du mehr Gefühl oder mehr Herz in die Stimme legen? Und vielleicht ein anderes Mal mehr Witz? Wie ist es, wenn du langsamer sprichst oder schneller? Wie würde das auf dich wirken, wenn du jemand anderer wärest?

Kannst du noch authentischer sein?

Vielleicht stellst du auch fest, dass deine Audioaufnahmen an verschiedenen Tagen und zu anderen Zeiten, anders auf dich wirken. Mach dir bewusst: Das geht anderen auch so. Je nach Stimmung werden sie deine Botschaften anders wahrnehmen.

Du kannst dir auf diese Weise überlegen, wie du vielleicht noch klarer in deiner Ausdrucksform werden kannst, sodass die Quote an Missverständnissen so gering wie möglich sein wird.

Völlig missverständnisfrei ist leider nicht möglich. Deshalb ist es so wichtig, nachzufragen, was der andere verstanden hat, oder selbst nachzufragen, wenn du das Gefühl hast, dass etwas noch unklar ist.

Deine 9 goldenen Regeln der Selbstliebe

1) **Ich verspreche mir heute, dass ich mich jeden Tag so gut wie möglich um mich selbst kümmern werde.**

   Meine Bedürfnisse mache ich mir bewusst und akzeptiere sie, egal ob ich sie alle befriedigen kann oder nicht. Nicht jedes Bedürfnis bedarf der Befriedigung in der Form, wie ich „denke". Aber es bedarf der vollen Aufmerksamkeit. Ich übernehme die volle Verantwortung für mich und mein Leben.

2) **Ich werde mir jeden Tag etwas Zeit nehmen für mich selbst und diese Zeit ablenkungsfrei so gut für mich nutzen, wie ich es auch wirklich benötige.**

   Ich werde meinen Gefühlen und Gedanken lauschen, auch wenn mir dies am Anfang Angst macht und ungewohnt erscheint. Es gelingt mir jeden Tag etwas besser, diese Zeit zu genießen.

   [6]Meditation, [7]Kontemplation, Träumen und Reflexion helfen dir, dich zu sortieren und dir selbst die Beachtung zu schenken, die du so sehr benötigst, wie die gestreuten Samen (deine Wünsche) auf dem Acker (dein Leben) Regen (freier Fluss der Gefühle), Stille (ohne Ablenkung)

und Sonne (deine liebevolle Aufmerksamkeit, dein Blick auf dich selbst) benötigen, um aufzugehen, zu gedeihen und am Ende Früchte zu tragen. Du wirst später in Hülle und Fülle ernten. Gib dir Zeit.

3) **Ich werde den unrealistischen Gedanken, die andere in mir gesetzt haben oder die ich zukünftig von anderen höre, nicht mehr glauben. Ich übernehme die volle Verantwortung für mein Leben und mein Handeln.**

Ab jetzt glaube ich nur noch, was ich auch wirklich vollständig zu Ende gedacht habe. Wenn ich es nicht zu Ende gedacht habe, dann schreibe ich es auf und werde es im Laufe der Zeit für mich klären. Ab heute glaube ich nicht mehr einfach etwas, nur weil es (viele) andere sagen. Die Mehrheit hat oft nicht dadurch recht, nur weil es viele sind. Ich verstehe die Manipulation der Menschen als Masse und hebe mich dadurch daraus ab, dass ich sie weder verurteile, noch entwerte, sondern einfach als Irrläufer sehe. Ich glaube das, was ich selbst erlebe und erfahre. Ich bleibe aber offen dafür, Neues dazuzulernen. Deshalb ruhe ich mich nicht darauf aus, dass ich meine, alles zu wissen.

4) **Ich vertrete meinen Standpunkt, wenn es für mich wichtig ist, und bin auch bereit, dafür auf etwas zu verzichten (Anerkennung, Zuspruch, Beförderung, Sex).**

Für dich, deine Meinung oder deinen Wunsch einzustehen, ist gelebte Selbstliebe. Es bedeutet nicht, dass du immer versuchen sollst, Recht zu behalten. Es geht vielmehr darum, dass du dir das bewusst machst, was du möchtest, und auch vor anderen vertrittst, was dir wichtig ist. Wenn du nicht bereit bist, auf einen kurzfristigen Vorteil zu verzichten, dann bist du manipulierbar. Näheres noch dazu unter Punkt 8.

5) **Ich mache mir bewusst, wer ich bin und was ich kann, und erkläre, dass ich zu mir stehe, mit allem, was mich im Moment ausmacht.**

Das, was du selbst oder andere an dir als Fehler oder Schwächen sehen, ist eine Frage des Blickwinkels. Was für den einen eine Schwäche zu sein scheint, ist für den Anderen vielleicht sogar ein Pluspunkt. Du kannst es nicht recht machen. Das ist auch nicht deine Aufgabe. Wenn jemand deine sensible Art nicht mag und dich empfindlich schimpft, dann wird ein anderer Mensch genau das an dir lieben. Krankheiten und Unpässlichkeiten gehören genauso wie Talentlosigkeit in bestimmten Bereichen des Lebens zu jedem Menschen.

6) **Meine positiven Aspekte und Eigenschaften mache ich mir immer wieder bewusst und ich bin bereit, mich damit auch deutlich zu zeigen.**

Niemand hat etwas davon, wenn du dich so klein machst, dass auch dein Gegenüber ein Schuldgefühl entwickelt. Schuldgefühle führen immer in destruktive Verstrickungsmuster und gehen mit unangenehmen Schamgefühlen einher. Das wiederum stockt jede gute Interaktion. Davon hat niemand etwas. Scham ist ein Gefühl, auf das ich später noch eingehen werde. Es geht nicht darum, es zu verdrängen, sondern sich einfach nicht kleinzumachen, auch wenn es auftaucht. Es ist nicht narzisstisch, zu sich zu stehen und zu wissen, was man kann oder wer man ist. Denn wenn du die Regeln einhältst, dann machst du dir auch regelmäßig klar, woran du noch arbeiten kannst oder was du auch einfach akzeptierst. Ein gutes Selbstwertgefühl löst vielleicht bei deinem Gegenüber eine Menge aus. Es kann sein, dass dein Gegenüber Angst bekommt, weil er selbst unsicher ist. Und es kann sein, dass es ihn unangenehm triggert oder auch positiv triggert und er dir folgen will. Mach dir bewusst: Das ist seine Baustelle, nicht deine.

Doch wenn du erfolgreich und glücklich leben möchtest, dann überzeugst du nur mit einem guten Selbstwertgefühl und wenn du zu deinen Talenten stehst und bereit bist, diese auch anderen zu zeigen und sie daran teilhaben zu lassen. Wenn du einen leckeren Kuchen gebacken hast, versteckst du ihn ja auch nicht aus Angst, dass andere das nicht können, oder? Du freust dich, wenn es anderen schmeckt und sie deinen Kuchen genießen. Und du wirst den von anderen gebackenen und gut gelungenen Kuchen genauso wertschätzen und loben. Das ist echtes Selbstwertgefühl und Selbstliebe. Dadurch fühlen sich auch andere darin bestärkt, zu sich zu stehen und sich zu zeigen. Und davon profitieren dann ALLE.

7) **Ich bin es mir wert, mich ständig zu pflegen und weiter zuentwickeln.**

Ich übernehme die Verantwortung für meine Wunden und bin bereit, sie im Laufe der Zeit nach und nach, in kleinen Schritten, wie es für mich absolut richtig ist, anzusehen und zu heilen, damit innere verletzte Kinderanteile nachreifen können. So werde ich mehr und mehr als Erwachsener im Leben stehen und meine inneren Kinder pflegen, heilen und beschützen. Das bedeutet, dass ich nicht meine inneren Kinder in eine schwierige Situation schicke, wenn ich mich in Situationen erwachsen verhalte, weil es nun mal nötig ist (z. B. einen Konflikt wie ein Erwachsener lösen). Ich denke niemals, dass ich alles weiß, ich bleibe offen und bin bereit, mich weiterzuentwickeln.

8) **Ich bin gewillt „Nein" zu sagen und auf etwas zu ver zichten, um mich selbst zu schützen.**

Ein wichtiges und heikles Thema ist die Abgrenzung. In manchen Situationen wirst du dir die Frage stellen, wie weit du auf dein Gegenüber zugehen kannst, um die richtige Mitte zu finden zwischen den Interessen und Bedürfnissen einer anderen Person und deinen eigenen. Und es gibt Situationen, da wirst du ein klares „Nein" nach außen präsentieren müssen, um dir selbst noch gerecht zu werden. Solltest du vorschnell „Ja" gesagt haben, dann nimm deinen Mut zusammen, das Thema noch einmal anzusprechen und für dich einzustehen. Du kannst dich entschuldigen, dass du zu früh entschieden hast, weil es dein Bedürfnis war, diesen Menschen zu unterstützen. Aber dir ist klar geworden, dass du das nicht kannst. Es gibt die weit verbreitete Meinung, dass man sich nicht erklären sollte. Ich bin jedoch der Meinung, dass du einem Menschen, der dir wichtig ist, deine Situation transparent machen kannst. Ein wirklicher Freund, also ein Mensch, der gut für dich ist, wird dich verstehen. Du wirst an seiner Reaktion erkennen, welche Motive er in Bezug auf dich hat. Reagiert er in solchen Situationen häufiger ungehalten, erpresserisch und versucht erst gar nicht, deine Situation zu verstehen, dann weißt du, dass du diese Freundschaft oder Bekanntschaft überdenken solltest. Auch dann solltest du zu dir stehen und dich zukünftig nicht mehr so transparent zeigen. Auch das zählt für mich unter „Nein" sagen. Mehr dazu findest du später noch in dem Kapitel über Freunde und Verwandte.

Es gibt eine weitere Situation, in der es wichtig ist „Nein" zu sagen, wenn dich z. B. die Situation, zu der du dich entscheiden musst, zu viel kostet. Vielleicht bekommst du eine Beförderung angeboten, aber das zieht nach sich, dass du keine Zeit mehr für dich und (d)eine Familie / Freunde / Hobbys hast. Dann entscheide klug. Lebenszeit ist nicht käuflich.

9) **Ich bin bereit „Ja" zu sagen, wenn ich etwas möchte, und Geschenke anzunehmen, weil ich es mir wert bin.**

„Ja" zu sagen und etwas anzunehmen kann auch schwierig sein. Vielleicht traust du dir das, was dir angeboten wird, nicht zu? Vielleicht denkst du, du hast es nicht verdient, unterstützt, beschenkt oder gelobt zu werden? Denk daran, es gewinnt niemand, wenn du dich klein machst. Nimm Geschenke, Lob, Hilfe an, wenn es sich für dich richtig anfühlt. Werde nicht davon abhängig, bleib bei dir. Aber du darfst es annehmen. Auch hier hast du etwas davon und auch dein Gegenüber wird beschenkt, wenn du ein Geschenk mit vollem Herzen annimmst und deine Freude darüber zeigst.

Alles beginnt mit dem 1. Schritt

Alles fängt mit einem ersten harmlosen Schritt an. Der Weg entsteht, während wir gehen. Am Anfang tappen wir im Nebel, denn dein Gehirn hat für diese neuen Wege noch keine „Straßenkarte". Es wird dir Warnungen senden, die nicht wahr sind. Wenn du dich also beunruhigt fühlst, gehe einfach weiter. Akzeptiere dein Unwohlsein. Nimm die Angst an die Hand und laufe weiter. Im Laufe der Zeit wird dein Gehirn lernen, dass das jetzt Erlebte gut für dich ist. Die Angst wird eines Tages kleiner werden und verschwinden, wenn du geübter bist.

Kleine Schritte sind besser als große, die überfordern

Wenn du bisher wenig Sport gemacht hast und in der Zukunft einen Marathon laufen möchtest, dann ergibt es wenig Sinn, jeden Tag schon die ganze Strecke zu laufen. Das ist nicht möglich. Du wirst dann nur das befürchtete Gefühl bestätigt sehen, dass du es nicht schaffen kannst. Doch das stimmt so ja nicht.

Wenn du mit einer kurzen Strecke startest und Tag für Tag langsam steigerst, ohne dich zu überfordern, dann wirst du irgendwann deinen Marathon schaffen. Je mehr du mit Geduld an das Thema herangehst, langsam und stetig deine kleinen Schritte umsetzt, desto größer ist die Wahrscheinlichkeit, dass du ganze Berge versetzen wirst und dein Ziel erreichst.

Hüte dich vor der Überforderung! Ungeduld ist auch nur eine Angst. Du wirst nun sagen: „Moment mal! Ungeduld ist keine Angst!" Das deutsche Wort Angst entstand aus dem germanischen »angu« (eng) mit dem Suffix »st« (dazugehörig), ist also etwas, das zur Enge gehört.[8]

Wenn du ungeduldig wirst, empfindest du in dir eine Enge, eine Angst, das, was vor dir liegt, nicht zu schaffen. Diese Befürchtung geht mit Schamgefühlen einher, die du nicht so gerne fühlen möchtest. Als Reaktion darauf trittst du die Flucht nach vorn an. Und weil Angst starr und blind für wichtige Details und umsichtiges Denken macht, begehen wir große Fehler, wenn wir aus Ungeduld heraus handeln. Wenn wir dann scheitern, weil Wichtiges fehlte, oder uns die Puste ausgeht, dann werden wir uns nur bestätigt sehen in der Befürchtung, es nicht zu schaffen.

Deshalb nimm die Ungeduld an und gehe einfach Schritt für Schritt weiter, wenn du diese Angst fühlst. Der Nebel lichtet sich irgendwann.

SELBSTFÜRSORGE IM ALLTAG

Nimm dir jeden Tag Zeit für dich

Nimm dir jeden Tag etwas Zeit für dich. Beginne mit 20 Minuten, weil wir mit kleinen Schritten anfangen wollen. Fülle diese Zeit so sinnvoll wie möglich für dich.

Vielleicht fällt es dir noch schwer, dich ablenkungsfrei ohne Beschäftigung und ohne Konsum (Medien, Musik, Bücher, Videos, TV, andere Menschen) zu beschäftigen? Dann beginne mit einem Spaziergang. Egal ob es regnet oder nicht. Zieh dich dem Wetter entsprechend an und gehe raus. Genieße die Natur mit all ihren Farben und anderen Sinneseindrücken, erspüre die Luft und deren Geruch, nimm die Interaktion von dir mit der Natur wahr.

Wenn dir das gut gelingt, dann setze dich und lausche der Natur und der Stille. Versuche, dich auf dich und das, was du wahrnimmst, zu konzentrieren.

Selbstliebe und Selbstfürsorge ist erlernbar, wie jede andere Programmierung und Technik auch.

Genusstraining ohne Konsum kann dir helfen, deine Sinne wieder für dich selbst zu schärfen und dir hohe Befriedigung und Glück ohne Sucht zu verschaffen. Du wirst unabhängig davon, ob andere dir Liebe geben.

Es ist eine Fähigkeit, die dir genauso abhandengekommen sein kann, wie die Fähigkeit, deine Gefühle zu pflegen und fließen zu lassen. Und genauso kannst du lernen, diese natürliche Fähigkeit nach und nach zu fördern, bis du dich daran wieder erinnerst und sie zu einem festen Bestandteil deines Alltags gemacht hast.

Es kann so unglaublich befriedigend und zutiefst beglückend sein, einfach mit sich selbst zu sein und seine eigene Gegenwart zu erfahren, den Geist zu beobachten, wie er wechselt und spielt, die Leichtigkeit des Seins in all seinen Facetten zu erleben und die große Palette der Gefühle fließen zu lassen. Die daraus resultierende schöpferische Kraft, die du wieder in dir ansammelst und aus der du neue Taten, neue Entscheidungen und großartige Arbeiten leisten kannst, wird dich beflügeln. Und davon werden wiederum andere Menschen profitieren.

All das geht nur, wenn der innere Bach ungebrochen fließt. Dazu musst du die kleinen und großen Steine herausholen, die in deiner Kindheit hineingelegt wurden. Auch die späteren negativen Erfahrungen und Schlussfolgerungen, die du daraufhin getroffen hast, die dich letztendlich selbst geschädigt haben und es noch immer tun, musst du bergen. Sie liegen dort so lange, bis du sie findest, anschaust und abbaust.

Das geschieht dadurch, dass du den inneren Bach wieder dazu bringst, dir zu vertrauen. Er muss immer wieder von dir Zeit und Aufmerksamkeit bekommen. Er muss wissen, dass er fließen darf. Die Kraft des Wassers (Gefühle) wird die Steine langsam abtragen. Man kann auch nachhelfen, indem man die Steine herausholt und sie anschaut. Wie sind sie entstanden und warum? Welche Schlussfolgerung steht dahinter? Und ist sie wahr? Möchtest du das weiterhin so sehen? Ist das wirklich vorteilhaft? Oder kann das gehen?

Ich arbeite hier oft in den Heilreisen mit Techniken, durch die ich die Menschen dorthin begleite. Wir schauen uns an, wie das entstanden ist, prüfen die Schlussfolgerungen aus der Vergangenheit und revidieren sie gegebenenfalls. In diesem Zusammenhang sind oft Glaubenssätze entstanden und Emotionen haben sich hier mit Gedanken verknotet. So entstehen diese Blockaden (Steine sind es im Bild des Baches). Auch hier überprüfen wir die Glaubenssätze und lösen sie mit verschiedenen Techniken auf (je nach Situation). Dann arbeiten wir mit den Gefühlen. Wenn auch sie wieder fließen, entwickelt sich der Bach immer mehr wieder zu einem stattlichen Bach oder Fluss, der dich nährt und mit Freude erfüllt. Fruchtbares Wasser für all deine Anforderungen des Lebens steht bereit!

Schreibe ein Mistbuch

Da das Leben aber eben nicht nur aus freudvollen Ereignissen besteht, stellt sich schnell die Frage, was mit all den unangenehmen Eindrücken und Gefühlen ist, die sich dadurch in dir angesammelt haben.

Ein einfacher wie auch alltagstauglicher Trick ist das Mistbuch.

Schaffe dir ein Extrabuch oder eine Datei an, die du z. B. Mistbuch nennst. Sichere sie vor dem Zugriff anderer Leute. Denn niemand soll sehen, was du hier schreiben wirst.

Schreibe mindestens 15 Minuten alles an negativen Gedanken hinein, was dir einfällt. Es muss weder grammatikalisch, sachlich, sinnlich noch von der Bedeutung her verständlich oder richtig sein. Du brauchst keine korrekte Satzzeichensetzung, falls es sich nicht so ergibt. Wenn dir nichts einfällt, dann kannst du auch immer wieder den gleichen Satz schreiben, bis es in dir leer wird.

Anfänglich kommst du dir vielleicht komisch damit vor. Aber wir alle brauchen einen „Mülleimer". Und es ist nicht gut, wenn das ein anderer Mensch sein soll. Denn dieser andere Mensch weiß auch oft nicht wohin mit seinen negativen Erfahrungen. Sein Leid verdoppelt sich nur, wenn du es ihm zumutest.

Ich meine damit keineswegs, dass du nicht mit einem Freund über ein Problem reden solltest, denn davon halte ich sehr viel. Ein guter Freund kennt dich und dein Leben und kann dir helfen, eine andere Perspektive einzunehmen und dich zu unterstützen. Das schafft er schon einfach dadurch, dass er da ist.

Aber keiner hat etwas davon, wenn du über ihm deinen unsinnhaften Mist ausgießt. Deshalb eignet sich das Schreiben. Du schreibst einfach das Datum des Tages und losgeht`s! Lese es hinterher nicht mehr durch! Was weg ist, ist weg. Du holst doch auch nicht die Bananenschale aus dem Biomüll.

Du kannst von Zeit zu Zeit die letzten Tage oder Wochen als Text in der Datei einfach löschen. Schenke ihnen keine Beachtung. Es dient nur der geistigen Ausleerung.

Wenn du nun denkst: „Ach, so etwas brauche ich nicht." Dann frage ich dich: Was machst du denn mit diesen ganzen Gefühlen? Wo gehen sie hin, nachdem du sie zuerst gefühlt hast?

Drückst du sie runter oder zur Seite? Wo sind sie dann? Sind sie dann wirklich weg? Oder denkst du das nur?

Ist der Biomüll weg, wenn du ihn nur in den Küchenschrank räumst?

Wie würde es in deiner Wohnung oder deinem Haus aussehen und riechen, wenn du das nicht regelmäßig entsorgst?

Vermutlich würdest du kaum mehr jemanden zu dir lassen.

Genauso verhält es sich auch mit dem ganzen Mist, den viele Menschen mit sich herumtragen. Statt ihn zu entsorgen, verstecken sie ihn irgendwo in sich. Sie verdrängen und haben deswegen auch Angst vor Berührung, Begegnung (Nähe) und Auseinandersetzung (ebenfalls Nähe).

Da du ja etwas gegen deine innere Einsamkeit machen möchtest und ein gesundes Verhältnis zu dir erschaffen willst, ergibt es Sinn, auch Geisteshygiene zu betreiben – und zwar regelmäßig.

Dann wirst du wieder gern Gäste einladen und sie werden gern zu dir kommen. Vermutlich wirst du mehr Wertschätzung erfahren als je zuvor.

Und da du dann auch gut allein sein kannst, wirst du dich zu gegebener Zeit, wenn es für dich gut und richtig ist, auch abgrenzen können. Denn du weißt ja jetzt, dass du nur einen Mehrwert für andere darstellst, wenn du dich liebst und auf dich aufpasst.

Du wirst dieses Mistbuch vielleicht nicht auf Dauer jeden Tag brauchen. Aber vermutlich in der ersten Zeit, bis du dich freier fühlst. Und du kannst es jederzeit wieder anfangen, wenn du merkst, dass du dich unruhig, gereizt oder überladen fühlst.

PARTNERSCHAFT UND KÖRPERLICHE LIEBE

Was hat Selbstliebe mit Partnerschaft und körperlicher Liebe zu tun?

Hast du es schon mal mit jemandem zu tun gehabt, der so unsicher war, dass er dir ständig etwas unterstellt hat, weil dir sein inneres Kopfkino (wegen seiner unverarbeiteten Geschichten) ungeprüft projizierte Interpretationen entgegengeschleudert hat? Vielleicht hat er sich dann sogar auf sein „Bauchgefühl" bezogen?

Vielleicht ist es dir sogar selbst schon passiert, dass du den Steinen in deinem nicht richtig fließenden Bach auf den Leim gegangen bist? Und hinterher hast du vielleicht bereut, dass du damit wertvolles Porzellan zerschossen hast?

Oder kennst du das, dass jemand so unsicher ist, dass er sich dir nicht richtig zeigt? Und vielleicht versteckst du dich auch häufig, weil du denkst, du seist es nicht wert, geliebt zu werden?

All das spiegelt sich in ganzer Bandbreite, sowohl in der Partnerschaft wie auch in der Sexualität. Denn Angst ist ein Gegner der Liebe. Und wir haben weiter oben gelernt, dass Angst in der Regel aus der Vergangenheit und dem Glauben an Mangel resultiert.

Wie entstehen glückliche Liebe und Partnerschaft?

Eine reife Partnerschaft lebt davon, dass sich zwei entwicklungswillige Menschen gerade wegen ihrer Vergangenheit, die immer auch Verletzungen beinhaltet, darüber austauschen und sich in der Weiterentwicklung gegenseitig unterstützen möchten. Daraus resultieren zwei gleichwertige Individuen, denen miteinander niemals langweilig wird und deren Basis gerade deshalb eine sichere Beziehung ist.

Sexualität ist eine der ursprünglichsten Formen von Energie.

Mann und Frau sind zwei Pole, die sich ausgleichen möchten. Es ist ein Fluss von Energie, der beide nährt, wenn er wirklich fließt. Sicherlich kannst du dir nun schon denken, dass auch hier Steine im Fluss liegen und es unter Umständen seltsame Kompensationserscheinungen gibt, wenn es nicht so fließt, wie man selbst oder der Partner sich das vorgestellt hat.

Nicht selten entstehen so zwanghafte Formen der Sexualität, die auf Dauer auch süchtig und krank machen. Das ist keine Lösung.

Deshalb ist es auch hier wichtig, dass du dich selbst liebst und kennenlernst. Das Genusstraining wird dir helfen, dich selbst auch wieder sinnlicher wahrzunehmen und Zärtlichkeiten und Berührung wieder intensiver und freudvoller zu empfangen und zu geben.

Sexuelle Liebe hat auch viel mit Empathie zu tun. Sich einfühlen zu können, ohne sich zu verlieren. Sich hingeben, ohne sich zu verschenken. Dem anderen aus tiefstem Herzen entgegenzufließen, ohne das Gleichgewicht zu verlieren, denn er wird dein Gewicht auf Dauer nicht tragen wollen. Genauso wie du das auch nicht kannst und willst.

Was macht eine Partnerschaft oder Freundschaft glücklich? Eine Partnerschaft oder Freundschaft ist dann glücklich, wenn die Basis zwischen Nähe und Distanz, Individualität und Gemeinsamkeiten, zwischen wir, ich und du stimmt.

Es ist keine feststehende Formel. Es wandelt sich wie das Leben. Und nur ein Wesen, was sich selbst liebt, wird diesen Wandel mitmachen können. Eine Partnerschaft wird irgendwann zu einem eigenständigen Wesen. Die Schnittmenge der beiden verändert sie und fließt ineinander. Und auch das Wesen der Partnerschaft kann nur lange Zeit überstehen, wenn es dem Wandel standhält.

Ein fixes und festes Gebilde würde zerbrechen, denn das Leben und die Liebe sind ein Fluss. Somit ist es wichtig, dass beide sich pflegen und nähren und weiterentwickeln, um auch in der Beziehung sowohl sich selbst zu schützen als auch miteinander zu wachsen.

Körperliche Liebe und das Gesetz der Anziehung

Die körperliche Liebe ist bestenfalls nicht nur eine hormonbedingte Angelegenheit. Wie oben schon erwähnt, ist die Liebe etwas Essenzielles. Die magnetische Anziehung zwischen Mann und Frau sucht den Ausgleich der eigenen inneren Ungleichgewichte.

Deshalb ziehen sich nicht selten zwei Personen an, die eigentlich nicht zusammenpassen, weil sie in gewissen Bereichen genau entgegengesetzt sind.

Das führt zwar zu einem Feuerwerk in der Sexualität und raubt mindestens einem davon oft die Sinne. Aber es ist meist nicht alltagstauglich.

Die Liebe, die nun etwas unauffälliger daherkommt und vielleicht sogleich von Anfang an eher etwas entspannter und dennoch irgendwie anziehend ist, hat mehr Tragfähigkeit für beide. Dann gibt es genügend Übereinstimmung und Gegensätzlichkeit.

Um ein guter Partner zu sein, musst du selbst ein guter Freund von dir selbst sein. Das gilt auch für deine Körperlichkeit. Deshalb entscheide dich auch hier, dich so zu nehmen, wie du bist. Wenn du etwas ändern möchtest und kannst, ohne dich oder jemanden zu schädigen, dann ändere es. Und was nicht zu ändern ist, das versuche an dir zu lieben. Du hast nichts anderes. Es wird nicht besser, wenn du es ablehnst. Du überträgst sonst nur deine Ablehnung auf dein Gegenüber.

Entscheide dich, dich so zu lieben und selbst zu begehren wie du bist!

Lerne deinen Körper und deine Bedürfnisse kennen

Lerne deinen Körper kennen und lerne zu verstehen, was du magst und was nicht. Dann wirst du es deinem Partner zeigen können. Zudem verstehst du dann auch besser, wie dein Partner fühlt oder was er braucht.

Frag ihn aber auch, was er mag. Probiere dich mit ihm aus, wenn es euch beiden gefällt. Ich glaube zutiefst, dass eine Partnerschaft, in der sich beide wirklich und aufrichtig um echte Selbstliebe und Selbstpflege bemühen, ohne Seitensprünge auskommt. Denn eine solche Liebe wird nie langweilig, weil beide ihr Selbst im Alltag ausdrücken und sich ständig wandeln und trotzdem völlig hingeben können, ohne sich zu verlieren. Somit ist es ein wachsendes Projekt, was in sich flexibel und sicher zugleich ist.

ERWARTUNGEN

Wir alle haben Erwartungen. Auch, wenn wir uns dessen nicht bewusst sind. Wenn du einen Urlaub planst, hast du die Erwartung, dass dein Flieger pünktlich ankommt und sicher landet. Das spürst du dann, wenn es nicht wie geplant läuft.

Wir leben in einem komplexen System und sind von vielen Faktoren abhängig.

Es bringt nichts, sich einzureden, dass wir so unabhängig und frei werden können, dass wir nichts mehr erwarten sollten. Damit setzt du dich nur unter Druck. Diese Aussage, dass du nichts erwarten solltest, ist auch schon wieder eine Erwartungshaltung, die dich nur enttäuschen wird, denn du wirst das nicht schaffen. Selbst wenn du dich ausreichend liebst und pflegst und die volle Verantwortung für dein Leben übernimmst, gehört auch ein Teil Fremdverantwortung dazu. Du kannst versuchen, diesen Teil so weit zu minimieren, dass du leicht und frei leben kannst. Unsere Zeit bietet uns genau das! Doch eine gewisse Abhängigkeit ist unvermeidlich und sinnvoll.

Schauen wir uns diese verschiedenen Formen der Abhängigkeiten durch Erwartungen mal genauer an.

Erwartungen an andere

Kannst du diese Erwartungen, die du an andere stellst, selbst erfüllen? Sei bitte ganz ehrlich zu dir! Es geht ja nur um dich in diesem Buch und kein anderer wird es je erfahren. Wenn du dich selbst belügst, wird dein Leben sich nicht positiv verändern können.

Wenn du selbst diesen Erwartungen nicht gerecht werden kannst, dann übertrage das auf dein Umfeld und lass diese Erwartungshaltung los. Du wirst dich danach freier fühlen und dafür gewappnet sein, wenn es einmal nicht wie erhofft läuft.

Größtmögliche Selbstverantwortung für dich bedeutet auch, dass du einen Plan B machst, wenn dir etwas wichtig ist. Und wenn mal etwas schiefgelaufen ist und du hast keinen Plan B? Dann ärgere dich nicht, atme tief ein und aus. Das ist das Leben. Nimm es an, wie es gerade ist und entwerfe jetzt deinen Plan B. Wenn es dir wirklich wichtig ist, dann scheue dich nicht davor, andere zu fragen, dich zu informieren und dafür zu sorgen, dass es weiter geht, so wie du es dir erhoffst.

Erwartungen an dich selbst und die Lust an der Freude

Genauso hast du auch Erwartungen an dich selbst. Mache dir immer wieder bewusst, was du genau von dir erwartest, und prüfe es auf Realitätsgehalt. Ist es realistisch? Ist es gerechtfertigt? Wenn es das nicht ist, dann entlasse es. Geh gut mit dir um!

Bist du jemand, der gerne 190 % und mehr gibt? Soll alles perfekt sein? Keine Fehler? Dann wirst du eine Zwanghaftigkeit entwickeln und dadurch wird es absolut nicht perfekt, es wird nur eng und starr. Du wirst aggressiv werden, wenn es nicht so läuft, du wirst (auch stille) Vorwürfe formulieren, dir und anderen gegenüber. Vermutlich geht man dir auch emotional aus dem Weg, weil es zu anstrengend ist in deiner Gegenwart. Aber genau das wolltest du doch so gar nicht, oder? Sondern du hast gedacht, dass du dafür Anerkennung und Liebe bekommst. Und? Ist diese Rechnung je aufgegangen? Sei ehrlich zu dir. Jetzt. Wie lange hat die Anerkennung angehalten? Und hat es bei den Staunenden nicht auch Unbehagen ausgelöst, weil man (unbewusst) spürte, dass es für dich ein Krampf ist?

Versteh mich nicht falsch. Ich finde es gut, wenn man versucht, sein Bestes zu geben. Ich tue das auch. Mein Leben lang schon. Das macht auch meine gute Arbeit aus. Aber wenn du immer weit über 100 % gibst, dann gibst du mehr, als du hast. Du gibst auch etwas von dem Zwang weiter.

Das Beste zu geben heißt, oft nicht mehr als 75 % zu geben. Das ist wirklich viel! Viele geben nicht mal 40 %, weil sie nicht wissen, wer sie sind, was sie wollen und immer nur an andere Erwartungshaltungen stellen.

Das Beste zu geben bedeutet authentisch zu bleiben, auch

Fehler einzugestehen. Damit auch andere sich noch in deiner Gegenwart wohlfühlen dürfen.

Es wird Tage geben, an denen gibst du mehr, weil du viel Kraft hast, deine Selbstliebe fließt. Du bist ausgeruht und hast gut für dich gesorgt. Dann fließt du einfach über und bist eine reine Quelle der Freude und Leichtigkeit. Und dann wird es Tage geben, da ist es schwieriger. Das ist auch okay. Wenn du deine Schwäche annehmen kannst, dann wird die Energie bald wieder fließen.

Stell dir mal vor, der Sommer würde sich gegen den Herbst wehren. Und wir hätten immer Sommer. Dann wäre bald alles verbrannt. Wir brauchen den Herbst, der auch Chaos bringt. Die Blätter werden durchgeschüttelt, abgeworfen und die Natur versinkt friedlich in den Winterschlaf. Die Kraft geht zurück, wird nach innen geholt. Der Baum erweitert sich und bereitet sich vor. Im Frühling siehst du das Ergebnis. Es blüht und duftet überall. Fröhlicher Vogelgesang und Schreie der Zugvögel am Himmel kündigen die bunte Zeit an.

Geh mit den Zeiten. Genieße jeden Augenblick. Sie sind so wertvoll! In jeder Facette deines Daseins. Wenn du diese Form der Erwartungshaltung an dich und an dein Umfeld fallen lässt, werden deine ängstlichen Filter, die dir sagen, dass etwas nicht in Ordnung sei, abfallen. Du wirst frei und offen sein für all die Geschenke der Natur. Denn auch die dunkle Stille ist ein Geschenk, wenn du gelernt hast, mit dir zu sein und dich vertrauensvoll in deine Schwäche fallen zu lassen. Dann fürchtest du nicht mal mehr den Tod. Der gehört zum Leben genauso dazu wie das Leben. Nur wer stirbt, kann neu geboren werden. Die Wandlung gehört den Mutigen, die sich an sich selbst verschenken. Kleine Kinder sind neugierig und lassen sich einfach in die Freude fallen. Und das klappt nur, wenn du beides zulassen kannst.

Übe es, zu fallen und aufzustehen. Wenn es nicht funktioniert, wie du dachtest, dann beobachte, was falsch gelaufen ist, und versuche es erneut! Kein Erfolg entsteht direkt und sofort. Wir alle lernten schon laufen nach „Try & Error". Erfolg ist, wenn man sich schüttelt, neu sortiert und weitermacht.

Nimm Misserfolge nicht persönlich. Es gibt immer eine Ursache. Die Ursache bist nicht du, sondern eine falsche Strategie. Also überlege, was könnte besser laufen und versuche es erneut.

Und wenn das, was du willst, nicht geht, dann prüfe, ob es überhaupt realistisch ist. Wenn es das nicht ist, dann lasse den Wunsch los.

DER KAMPF UM DIE GRÖSSTMÖGLICHE ENERGIEGEWINNUNG DURCH AUFMERKSAMKEIT

Wir leben in einem komplexen und vielfältigen System, in dem sich die Dinge immer gegenseitig beeinflussen. Selbst wenn du zu Hause sitzt und scheinbar nichts tust, hat das einen Einfluss auf etwas anderes, denn du verbrauchst Strom, benötigst Nahrung und produzierst Abfall. Du sendest Energie durch deine Gedanken und deine Ausstrahlung, du begegnest Menschen, auf welcher Ebene auch immer, und sie begegnen dir.

Wenn du wie ein Blatt im Wind segelst, dann pustet er dich irgendwo hin, und durch deine Form bestimmst du auch mit, wohin es dich verschlägt.

Beeinflussung findet immer statt! Je weniger du dich selbst daran beteiligst, umso mehr wird dein Umfeld diesen Raum füllen und es dir vorschreiben. Bei jeder Zusammenkunft mit Menschen geht es darum, wer den Raum wie einnimmt und wer die Aufmerksamkeit (auch Chi) bekommt. Darum dreht sich fast alles, auch wenn es uns fast nie direkt bewusst wird.

Jeder versucht dieses Chi von anderen zu erhalten. Wobei die Art und Weise, wie es angestrebt wird, sehr unterschiedlich sein kann. Beispiel: A versucht, es offiziell zu bekommen, und redet ohne Unterlass. Dadurch, dass sein Gesprächspartner ihm zuhört, gewinnt er Chi von seinem Zuhörer. Sein Gesprächspartner wiederum hört zu und erhofft sich dadurch einen besonderen Wert oder auch Einfluss – sei es durch Dankbarkeit oder das Wissen darüber, was den anderen bewegt und wie er zu bewegen ist. Hier erhofft sich der Zuhörer, zu einem späteren Zeitpunkt dafür Chi in Form von Zuwendung, Anerkennung oder des Gefühls von A gebraucht zu werden zu ernten.

Auch der, der ständig jammert und in der Opferfalle gefangen ist, erhofft sich darüber Chi und Aufmerksamkeit zu bekommen. Und er ersehnt sich die Lösung seiner Situation durch die Unterstützung von anderen. Es gibt so viele, auch subtile Formen der Machtbeeinflussung, dass ich dieses Thema hier nicht so ausbreiten möchte. Aber eines ist wichtig: Du siehst, dass dies so ist und dass du es an sich nicht ändern kannst. Du kannst nur für dich wählen, was du von anderen zulässt oder selbstbestimmt anwendest. Ich rate immer zu einer ausgewogenen Situation für dich und andere.

Lass dir nichts aufdrängen und verschenke nicht deine Kraft, ohne Klarheit darüber zu haben, wozu es führt!

Es gibt Energieräuber, die rein parasitär veranlagt sind. Sie geben dir immer viel weniger, als sie nehmen, in welcher Form auch immer. Halte dich von ihnen fern. Dazu zählen auch unsere neuen Medien, aber auch viele TV-Sendungen. Wähle genau, was du schauen willst und warum. Wähle, wem du wie lange zuhörst und warum. Wenn es dir einen Mehrwert gibt, dann ist das okay. Vielleicht ist es amüsant oder du lernst etwas dazu. Oder dein Freund braucht dich einfach gerade. Er wird sich dadurch kräftigen und dir als Freund erhalten bleiben. Das sind Win-Win-Situationen. Auch, wenn das Ergebnis nicht sofort sichtbar ist.

Nachhaltiges und umsichtiges Denken ist der Schlüssel zu der Frage, was dein Sein erfüllen sollte.

Lerne, dich selbst zu lenken, sonst lenken dich andere

Wie schon oben erwähnt, beeinflusst sich immer alles gegenseitig, was miteinander zusammenhängt. Und es wird der mehr Einfluss nehmen, der sich darin am stärksten durchsetzt. Wenn du nicht für dich sorgst, werden andere für sich sorgen und dich so gut nutzen, wie sie es können.

Wenn du den Raum nicht mit dir füllst und bestimmst, werden dich andere für sich einnehmen und du wirst vergessen, wer du bist und was du möchtest. Es ist möglich, da wieder herauszufinden. Aber es ist schwierig. Trotz des schweren Weges ist es lohnend.

Aber wenn du willst, dass du auch Gehör bekommst, dann

- werde dir bewusst darüber, was du willst, was nicht und warum.
- schau, ob es realistisch ist und was auch andere davon haben.
- überlege, wie du es für dich und für andere sinnvoll einbringen kannst.
- nimm den Raum ein und fülle ihn selbstbestimmt.
- lass auch anderen den Raum, sich mit einzubringen, wenn es für die Sache nützlich ist.

- geh wertschätzend mit anderen um, auch wenn du nichts davon hast.

- wertschätze dich selbst und dein Anliegen und ignoriere Menschen, die mit dir keine Win-Win-Situation anstreben.

- halte dich an die geltenden Gesetze.

- sei penetrant, wenn es dir wichtig ist.

Werde unabhängig von Menschen, die dir nicht wirklich guttun und dich nur ausnutzen und sich deinen Bedürfnissen gegen über taub stellen.

Übe dich in Selbstdisziplin, sie ist der Schlüssel dazu, dich selbst zu lenken, so wie die Selbstfürsorge der Schlüssel ist, deine Selbstliebe aufzubauen und zu erhalten.

SELBSTLIEBE VERSUS EGOZENTRIK

Immer wieder taucht die Frage auf, wo Selbstliebe endet und wo Egozentrik beginnt. Dazu möchte ich einiges ausführen. Selbstliebe und Egozentrik sind völlig verschiedene Ausrichtungen. Es kann schon sein, dass es auf den ersten Blick nicht so von außen ersichtlich ist, ob sich jemand wirklich selbst liebt oder einfach egoistisch und egozentrisch ist. Man muss schon näher hinschauen, um das genauer zu unterscheiden.

Verschiedene Formen der Persönlichkeitsstrukturen, die sogar genetisch angelegt sind, bringen als Persönlichkeitsstörung (neben Empathie und einem Mangel an Reflexionsfähigkeiten) auch eine zu starke Egozentrik mit sich. Bekannt ist dafür vor allem der Narzissmus. Weniger bekannt ist die histrionische Persönlichkeit, die aber dem Narzissmus sehr ähnlich ist und weniger auffällt, weil sie nach außen hin sehr sozial erscheint, obwohl sie es nicht wirklich ist. Nun möchte ich auf diese beiden Persönlichkeitstypen nicht zu stark eingehen, da es ein ganzes Buch benötigen würde, um das genau zu beschreiben. Ich kann dir aber, falls es dich interessieren sollte, das Buch von [9]Rainer Sachse mit dem Titel Persönlichkeitsstörungen empfehlen. In seinem Buch beschreibt er genau die verschiedenen Persönlichkeitsaspekte.

Wie kannst du denn nun einen Egoisten von einem gesunden Menschen unterscheiden, der sich selbst liebt und achtet?

Ein gesunder Mensch liebt und achtet sich und sorgt dafür, dass es ihm gut geht. Parallel interessiert ihn aber auch, wie es anderen damit geht, und sucht nach Win-Win-Lösungen mit seinen Mitmenschen. Nur wer auch auf andere achtet, kann wirklich in die tiefe Entspannung kommen. Menschen sind von Natur aus sozial und haben deshalb das Bedürfnis, in Frieden miteinander zu leben. Leider ist das nicht immer möglich. Das liegt daran, dass es eine sehr hohe Prozentzahl an Menschen gibt, die egoistisch veranlagt sind. Sie haben früh gelernt, andere zu missachten, zu täuschen oder ihnen etwas vorzuheucheln, um an ihr Ziel zu kommen. Sie haben wenig Mitgefühl und Verständnis für andere. Wenn es Probleme gibt, sind immer andere Schuld. Sie sehen einen Fehler nicht bei sich und entschuldigen sich niemals ehrlich. Nur auf ihren eigenen Vorteil bedacht, sind sie tief in ihrem Inneren extrem unsicher und ängstlich. Diese Angst davor, klein und schwach zu sein, ist in der Kindheit angelegt worden und zum Teil auch schon vererbt. Sie haben erlebt, dass sie geächtet werden, wenn sie Schwäche zeigen. Und sie haben sich früh geschworen, dieses Gefühl der Ohnmacht niemals zu zeigen, wenn sie es auch nur im Ansatz wahrnehmen. So versuchen sie sich zu schützen. Oft nehmen sie sogar selbst nicht die große Angst in sich wahr. Es scheint einfach, zu gefährlich zu sein.

In unserer Gesellschaft ist es so, dass wir diesen Menschen oft zu viel zutrauen. Sie strotzen geradezu vor lauter falschem Selbstbewusstsein. Doch das ist nur ein Trugbild. Es sind gehetzte Menschen, die niemals zur Ruhe kommen, keine Gelegenheit auslassen und ihre Ängste häufig in Süchten ersticken. Diese Süchte umfassen Arbeit, Anerkennung, Aufmerksamkeit, Rede, Macht, Aktionen, Essen, Alkohol, Drogen und Medikamente. Kritik und Konfrontation mit ihren Schwächen löst schnell einen Streit aus. Sie drehen den Spieß um, so dass du dir wünschst, du hättest es niemals gesagt.

Das ist keine Selbstliebe!

Selbstliebe ist weich, achtsam, zärtlich, kritikfähig in beide Richtungen – sich selbst und anderen gegenüber.

Solltest du nun eine solche Sucht bei dir gefunden haben, macht es dich noch nicht zu einem krankhaften Egoisten oder Narzissten. Die Sucht ist nur ein Symptom dieser egozentrisch veranlagten Menschen. Jedoch ist nicht jeder auch krank, der ein Symptom bei sich findet.

Sei mit diesen Menschen nicht zu sehr mitfühlend. Denn nur weil sie krank sind, sind sie nicht von einer Verantwortung für sich oder ihre Mitmenschen freigesprochen. Sie können an sich arbeiten, wenn sie wollen. Doch sie wollen meist nicht.

Lass sie einfach und gehe ihnen aus dem Weg.

Mach Kompromisse mit Menschen, die auch reflektiert und achtsam sind. Lerne, selbst ein liebenswert selbstliebender Mensch zu sein, und umgebe dich mit deinesgleichen.

HILFSBEREITSCHAFT

Warum möchtest du helfen?

Sei ganz ehrlich zu dir selbst. Warum möchtest du helfen? Ist es wirklich, weil es eine Herzensintention ist? Oder erhoffst du dir im Nachhinein eine Belohnung in Form von Anerkennung oder Dankbarkeit? Vielleicht wünschst du dir auch einfach, dass sich dadurch diese Person dir gegenüber zu etwas verpflichtet fühlt? Dann wird deine Hilfe vermutlich in der Zukunft Enttäuschungen und Ärger mit sich bringen.

Vielleicht stellst du dir aber auch vor, du würdest selbst so leiden und es tut dir weh. Dann ist das Mitleid und nicht Mitgefühl. Wenn du aus dieser Emotion heraus handelst, dann wirst du nicht frei genug sein, zu fühlen, was er wirklich fühlt und von dir benötigt. In dieser Befangenheit überlässt du dem anderen dann nicht mehr die Selbstverantwortung, sondern wirst entweder vorschnell reagieren und ihm deine Ansichten überstülpen oder in Starre verharren. Mitleid ist nie hilfreich.

Möglicherweise gibst du auch Ratschläge? Schauen wir uns das Wort aber mal genauer an und lassen den Rat weg. Dann erhalten wir genau das, was Ratschläge auch sein können: Schläge. Vor allem dann, wenn der andere dich nicht gefragt hat.

Ja, was denn nun? Wie kannst du unter all diesen Voraus-
setzungen helfen?

Solltest du dich bei einer oder mehreren (meist unbewussten)
Absichten ertappt haben, dann verurteile dich nicht. Es ist
menschlich, so zu hoffen und zu denken. Mach dir bewusst,
dass das deine Grundhaltung war. Aber es ist nicht sinnvoll, in
dieser Absicht auch zu handeln. Lass die Absicht los, dass es so
geschehen soll, wie du es dir vorgestellt hast. Du kannst ihn da
abholen, wo er steht, nicht da, wo du ihn gern gesehen hättest.
Dann wird deine Hilfe auch Früchte tragen. Dein Gegenüber
kann deine gute Absicht fühlen und besser annehmen.

Prüfe dich, wem möchtest du helfen?

Hilfsbereitschaft finde ich toll! Sie macht die Welt ein wenig
besser, jeden Tag etwas mehr. Und ich selbst pflege die Ge-
wohnheit: Jeden Tag mindestens eine gute selbstlose Tat!

Doch, wenn du dazu neigst, Menschen generell häufig helfen
zu wollen, dann solltest du vorab prüfen, wer dieser Mensch
ist. Möchte er denn, dass du ihm hilfst? Ist er für diese Hilfe
überhaupt offen? Und steht er an dem Punkt, wo er sie annehmen oder verstehen kann? Sollte das nicht der Fall sein, wird es
nicht positiv für dich und den anderen sein. Es können sogar
mehr Probleme daraus resultieren.

Frag dein Gegenüber besser, was er von dir braucht, und biete
deine Hilfe erst einmal grundsätzlich an. Sage ihm, dass du

Unterstützung geben möchtest. Es wird sich zeigen, ob und inwieweit ihr kooperieren könnt und wollt.

Solltest du also feststellen, dass jemand dein Angebot nicht wirklich annehmen kann – aus welchen Gründen auch immer – dann lass ihm Zeit und seine Selbstverantwortung.

Manchmal lernt man besser aus Erfahrungen als aus Ratschlägen.

Wie versuchen wir denn zu helfen? Welche Möglichkeiten haben wir? Wie kommen die verschiedenen Hilfen an?

Ratschläge

Wie wir bereits festgestellt haben, können Ratschläge auch Schläge sein. Vor allem, wenn man nicht danach gefragt hat. Erteile sie deshalb nicht zu leichtfertig. Du denkst, du wüsstest etwas, was der andere auch wissen sollte? Dann frage ihn zunächst, ob er deinen Rat hören möchte. Gib ihm den Raum, selbst zu entscheiden.

Floskeln

„Es wird alles gut." „Du schaffst das schon."
Das sind Floskeln, die niemandem helfen. Dein Gegenüber wird nur empfinden, dass er aufhören soll, zu jammern. Er wird das Gefühl haben, er sei dir jetzt, mit dieser Stimmung einfach zu viel.

Mitgefühl und Verständnis

Was hilft denn dann? Mitgefühl und Verständnis helfen fast immer. Versuche dem anderen gegenüber mit deinen Worten zu beschreiben, wie sich das Erlebte gerade für ihn anfühlen könnte. Mach dies vor allem in Situationen, die nicht sofort verändert werden können. Aufmerksamkeit, Liebe, Mitgefühl, Verständnis und auch Annahme sind Attribute der Liebe. Wenn du diese heilenden Gefühle schenkst, wird das eine sehr große Erleichterung für dein Gegenüber sein.

Und so schenke auch dir diese Attribute von Mitgefühl, Verständnis, Aufmerksamkeit, Liebe und Annahme in schwierigen Situationen. Sag dir ruhig mal: „Es ist okay, dass ich so denke. Es okay, dass ich so fühle." Und frage dich, was du brauchst, kümmere dich liebevoll und achtsam um deine Bedürfnisse.

Liebe dich selbst tief
und bis in die letzte Zelle,
denn siehe, du bist das Leben,
du bist ALLES.

Alles, was du siehst,
alles was du fühlst.

Wenn du in dir die Liebe erfährst,
grenzenlos, widerstandslos,
dann wird dir LIEBE geschehen,
denn was du BIST,
ist ALLES-WAS-IST.

TECHNIKEN DER SELBSTFÜRSORGE

- Lerne dich selbst zu lenken

- Führe einen Terminkalender und trage dir ein, was du dir vornimmst. Führe Listen, Mega-Listen und direkte Tageslisten. Trage nur so viel ein, wie du wirklich schaffen kannst.

- Steh viel früher auf, als du anfängst zu arbeiten. Mindestens 2 oder 3 Stunden. Diese Zeit gehört dir. Nutze sie, um in deinem Rhythmus in den Tag zu starten. Damit kannst du dich festigen und stärken.

- Beginne den Tag mit angenehmen Eindrücken, was auch immer du magst. Höre schöne Musik, trinke deinen Lieblingstee, meditiere und pflege dich (deinen Körper und deine Seele).

- Frühstücke gesund, also ohne Industriezucker, ab und an ein wenig Honig oder Kokoszucker ist in Ordnung (hier ist das Maß entscheidend), ohne Auszugsmehle, dafür mit viel Obst und Gemüse. Mache dir leckeren Tee, der nicht schädlich ist, also ohne Tein oder Koffein, z. B. Früchte-, Kräuter- oder Vitalpilztee.

- Gehe nicht eher eine Auseinandersetzung ein, bevor du nicht richtig wach und gesattelt bist. Sonst wird dein Tag davon negativ getragen. Auch der Abend nach 20 Uhr ist dafür keine gute Zeit. Du wirst schlecht schlafen. Wenn du vermutest, dass jemand nicht gut mit dir umgeht, und du die Konfrontation nicht vermeiden kannst, dann verlege diese auf die Zeit, in der du kräftig bist. Bereite dich darauf vor, bleibe offen und sachlich.

- Breche emotionale, unsachliche, eskalierte Gespräche ab. Bearbeite sie für dich im Nachhinein sowohl innerlich als auch schriftlich und überlege dir, wie du weiter vorgehen kannst. Dann suche das Gespräch zu einem anderen Zeitpunkt erneut, wenn es eine bessere Grundlage gibt. Höre zu und fordere ein, dass man dich anhört. Festgelegte Redezeiten (z. B. jeder 15 Minuten) können helfen, sich im Wechsel gegenseitig unterbrechungsfrei zuzuhören, zu verstehen und sich einzufühlen.

- Mache Pläne – langfristige und kurzfristige. Setze sie in einem möglichen Tempo um. Plane auch das.

- Gehe spazieren und genieße die Natur.

- Ernähre dich gesund.

- Vermeide Drogen.

- Vermeide toxische Menschen.

- Umgib dich mit Menschen, die dir guttun und es gut mit dir meinen.

- Unterstütze andere Menschen auch dann, wenn es dir

keinen Mehrwert gibt. Tue dies in einem Rahmen, den du kräftemäßig mit dir vereinbaren kannst. Und erwarte keinen Dank.

- Spende einen Teil (ca. 10 % deines Lohns) an eine von dir geprüfte und sinnvolle Institution.

- Bewege dich genug. Treibe Sport, der dir guttut.

- Konsumiere nichts im Übermaß (Nahrung, Kleidung, Medien), nur um deinen Selbstwert steigern zu wollen. Das funktioniert nicht.

- Schalte dein Handy aus, wenn du arbeitest. Setze feste Zeiten, wann du antworten willst, z. B. zweimal täglich in der Zeit von 8 bis 9 Uhr und von 19 bis 20 Uhr. So wirst du produktiver und entspannter arbeiten. Nachts schaltest du dein Handy entweder ganz aus oder nur für Notrufe ein.

- Mache Atemübungen, um deine Lungen zu kräftigen und deine Lebenslust und -freude zu stärken. Auch in schwierigen Situationen wirst du damit gelassener bleiben.

- Gestalte dein Umfeld schön. Das geht auch mit weniger Geld. Schöne Dinge und gemütliche Accessoires wie Blumen, Kerzen und bunte, harmonische Farbwechsel werden dein Gemüt streicheln.

- Esse nichts mehr nach 18 Uhr. Es macht nur dick und wird nicht mehr ausreichend verdaut. Es wird nur deinen Schlaf stören und dich am nächsten Tag belasten. Wenn du ab 18 Uhr nichts mehr isst, erhält der Körper die Zeit, sich um die

Verdauung zu kümmern.

- Geh früh schlafen. Den besten Schlaf bekommst du, wenn du um 21.30 Uhr schlafen gehst.
- Belohne dich, wenn du etwas geschafft hast, z. B. mit einem Tee, mit lobenden Worten oder Gesten.
- Interessiere dich nicht dafür, was andere von dir denken. Du kannst nicht jedem gefallen!

Das sind alles nur unverbindliche Empfehlungen. Kasteie dich nicht, wenn du nicht alles davon gleich umsetzen kannst. Mach dir keinen zusätzlichen Druck. Versuche so viel davon umzusetzen, wie du auch ganz realistisch schaffen kannst und willst.

Lernen, worauf es ankommt

Lerne zu unterscheiden, was wichtig ist und was nicht. Lerne zu unterscheiden, ob etwas realistisch und wahr ist oder nicht. Nimm dir dafür Zeit. Es wird dir am Ende Energie und viel mehr Zeit zurückbringen. Denn du ersparst dir Misserfolge und Zeitverschwendung mit nachfolgendem Ärger von anderen und dir selbst.

Übung:

Führe in deinem Arbeitsbuch eine Liste mit Ideen und Vorhaben, die dich gerade bewegen. Zuerst schreibst du alles auf, was dir einfällt. Du machst also ein Brain-Storming. Erst danach prüfst du nacheinander, was davon realistisch und für dich sinnvoll ist. Wenn du etwas als unrealistisch oder für dich nicht anstrebenswert einstufst, dann schreibe darunter, warum du zu diesem Entschluss gekommen bist, und streiche es einfach durch.

Falls dir die Idee später wiederkommt, kannst du dort nachlesen, welche Gründe dazu führten, es nicht zu tun. Du ersparst dir die anstrengende, wiederholte Analyse. Das schenkt dir auf Dauer viel Kraft und Zeit!

Du kannst nun beginnen, die Visionen, die du als positiv eingestuft hast, Stück für Stück in dein Leben zu integrieren. Nimm dir immer nur eine Sache vor, die du auch direkt umsetzen möchtest. Kleine Schritte führen leichter zum Erfolg. Zu viele große könntest du nicht so aufmerksam und kraftvoll erledigen. Starte deshalb immer nur in dem Tempo Projekte, wie es für dich gut und angenehm ist. Weniger ist hier mehr!

Selbstdisziplin als Schlüssel zum Erfolg

Manche Wörter werden schon so früh mit so traumatischen Bedeutungen belegt, dass sie nie mehr hinterfragt werden. So verhält es sich auch mit der Selbstdisziplin. Kaum ein Wort wird wohl so missverstanden.

Vor ca. 15 Jahren hatte ich eine Klientin, die durch viele Sitzungen bei mir wunderbar in Teilen ihres Lebens und ihrem Geschäft nach vorn gekommen ist. Sie hatte fleißig und zielsicher alles umgesetzt, was ich geraten habe, und das in einer unglaublichen Geschwindigkeit. Vor allem alles, was sie nicht selbst direkt betraf. In der Regel ist in meinen Sitzungen das Thema Selbstdisziplin der erste Schritt, den man gehen muss. Denn ohne diese Grundvoraussetzung fängt man immer wieder von vorne an. Doch sie hatte sich darum herumgemogelt, weil sie gar nicht mit der Aufarbeitung angefangen hätte, wenn ich auf dem Erlernen der Selbstdisziplin bestanden hätte. Da ich aber großes Potenzial in ihr sah, hoffte ich darauf, dass sie sich eines Tages durch das Vertrauen und die Erfahrungen mit unserer Arbeit an dieses Thema herantrauen würde. Wenn ich dieses Wort auch nur erwähnte, sagte sie immer lachend: „Oh! Frau Ranke! Nicht wieder dieses Wort mit den vielen Iiiis!" und schüttelte sich voller Anspannung und Unbehagen.

Ich erklärte ihr, dass Wörter per se keine Bedeutung haben, bis wir ihnen eine geben. Wir bekleiden sie assoziativ wie Kleider mit den Farben und Formen unserer Erinnerung. Ganz unabhängig davon, was sonst noch möglich wäre.

Sie hatte das Wort als Kind nur kennengelernt als ein Druckmittel von ihren Eltern und der Schule für bessere Noten, mehr Leistung und weniger Selbstliebe. Sie fühlte sich als Sklave des Systems bei dem Gedanken, für sich für Ordnung und Struktur zu sorgen. Organisation ihres Lebens in eigener Regie erschien ihr so, als wolle sie ihr Leben an eine andere Macht (das System) verkaufen. Als Kind war das vermutlich auch so. Sie hatte keine andere Wahl, als das zu tun, was man forderte. Eigene Entscheidungen und die Wahlfreiheit waren sehr stark eingeschränkt. So wie wohl bei den allermeisten Menschen. Und obwohl wir in einer relativ freien Kultur leben und die Meisten auch so aufgewachsen sind, wird recht früh alles reglementiert. Kreativität und Freigeist haben keinen Raum. Individualität schon gar nicht. Der ständige Druck, etwas leisten zu müssen, was für uns kaum einen klaren zukunftsweisenden Sinn zu ergeben scheint, legt sich traumatisierend auf den Geist und beschränkt ihn unter Umständen ein Leben lang.

Geistige Freiheit entsteht nur, wenn wir das, was wir glauben, Stück für Stück wieder entblättern. Schicht für Schicht die Bedeutung hervorholen, die es eigentlich hat und bereit sind, eine feine Differenzierung vorzunehmen.

Bis die eigentliche Wahrheit, also die Realität zum Vorschein kommt, die wir nur gewinnen, wenn wir beharrlich die Dinge von vielen Seiten und Ebenen anschauen. Nur analysieren, nicht verurteilen. So bleibt der Geist frei, sich ein Bild zu erschaffen, was er zuvor so nie hatte. Und mit diesem Bild und Überblick sind wir in der Lage, neue Weg zu sehen.

Wir müssen uns davon frei machen, dass wir alles wissen. Selbst wenn wir erwachsen oder schon reif sind, sind wir nicht zwangsläufig auch weise und allwissend. Jede Rechthaberei legt uns auf unseren alten Platz fest. Diesen müssen wir bereit sein, wieder zu verlassen, wenn wir unser Leben in etwas Besseres verwandeln wollen.

Wenn du dein Leben und deinen Alltag nicht planst, dann

werden dir andere Menschen Zeiten und Termine vorgeben, weil du da ja nichts vorhast. Ungeplant wirst du weniger schaffen, als wenn du gut organisiert hast. Du hast den Stift dafür in der Hand, wie du deine Pläne und Kalender führst. Alleine du entscheidest dich für Freizeit oder Pflicht.

Wenn du gar nicht planst, dann hast du auch entschieden, aber gegen dich selbst.

Wie war denn bisher dein Leben? Wie regelst du die Dinge, die getan werden müssen? Läuft das wirklich gut oder stapelt es sich? Und gehst du dann zufrieden schlafen oder übst du dich in Prokrastination (Aufschieberitis)? Dann hast du wohl die Kontrolle über dein Leben verloren und andere bestimmen über deine Zeit und Kraft. Sie werden dir deine Macht nicht freiwillig wiedergeben. Das musst du schon selbst machen. Plane dein Leben!

Disziplin ist der absolute Schlüssel in deine Freiheit!

Je häufiger du siehst, dass Freiheit dir hilft, dich aus Abhängigkeiten zu befreien, wirst du das Wort in deiner Vorstellung in angenehmeren Farben und Formen wahrnehmen. Und du wirst darin das Potenzial erkennen, was es in sich birgt.

Wenn du erst einmal erkannt hast, wie befreiend es ist, sein Leben wieder selbst in die Hand zu nehmen und zu bestimmen, wann du was tun möchtest, wirst du darauf nicht mehr verzichten wollen.

Meditation

Meditation ist ebenfalls ein wichtiges Werkzeug auf dem Weg zu einem freien Leben der Selbstliebe und dem zufriedenen Miteinander.

Warum?

- Du kannst dich besser konzentrieren.
- Du hast mehr Energie.
- Deine Energiewellen im Gehirn sind danach (wissenschaftlich nachweislich) ausgeglichener, du wirst resilienter gegen Angriffe.
- Somit wirst du auch resistenter gegen Stress.
- Du wirst gesünder.
- Du brauchst weniger Konsum.
- Süchte können abgebaut werden, da es Glückshormone freisetzt.
- Dein Schlaf und dein Traumgefühl verändern sich positiv.
- Du wirst intuitiver.
- Es erhöht dein Einfühlungsvermögen.
- Es reinigt den Geist.

- Es verschafft dir Gelassenheit, inneren Frieden und Zentrierung.
- Es sortiert die unverarbeiteten Eindrücke und verschafft dir Raum für mehr Lebensfreude.

Achtsamkeit

Bei der Achtsamkeit ist es so ähnlich wie bei der Meditation. Mit Achtsamkeit im Alltag wird es dir gelingen, den angenehmen Zustand der Meditation mit in den Alltag zu nehmen und zu erhalten.

Hier einige Vorteile von Achtsamkeit im Alltag

- Du machst weniger Fehler und passt besser auf dich auf.
- Du wirst deinen Alltag organisierter und bedachter planen und erleben. Viele Missgeschicke sind durch Achtsamkeit vermeidbar.
- Du wirst ein angenehmer Zeitgenosse.
- Du wirst wieder mehr die schönen Dinge des Lebens sehen und genießen, wenn du versuchst, alles langsamer zu machen und ganz bewusst nur im Hier und Jetzt zu sein.
- Achtsamkeit wird schon seit vielen Jahren in der Psychotherapie als Begleittherapie bei Depressionen erfolgreich angewendet.
- Achtsamkeit ist glückliches Sein pur.

- Achtsamkeit bedeutet nicht, dass du immer lieb, nett und gefällig sein musst. Im Gegenteil, achtsam sein bedeutet, zu spüren, wenn es zu viel ist: die eigenen inneren Vorgänge bewusst zu spüren und nicht zu ignorieren.

- Auch bedeutet Achtsamkeit nicht, immer alles herauszuhauen, was uns bewegt und andere darauf hinzuweisen, was uns stört. Achtsamkeit bedeutet nicht, aus dem Jetzt zu flüchten, sondern liebevoll bei sich und der Situation zu bleiben, einfach alles zu sehen, was ist, es bewusst zu erleben, zu genießen und wahrzunehmen. Dann können wir auch eine gute Entscheidung in jeder Situation treffen.

- Achtsamkeit ist auch gelebtes Mitgefühl für sich selbst. Den inneren Raum vollständig einnehmen, ohne davor zu flüchten in ein Gestern oder Morgen oder in wenn, aber oder hätte. Also alles fühlen, was gerade da ist. Es so liebevoll mitfühlend sehen, anerkennen, da sein lassen. Mitgefühl für dich selbst. Sobald du vollends in dem Mitgefühl für dich selbst bist und dich in deinem inneren Raum vorbehaltlos verströmst, bist du auch in der Achtsamkeit und dem Mitgefühl für andere. Wo keine innere Grenze ist, ist die Liebe für alles um dich herum. Das wiederum bedeutet, zu sehen was ist, und es in das Fühlen miteinzubeziehen. Diese Art zu Fühlen verbindet dich mit dir und deiner tiefen inneren

Kraftquelle und stellt dadurch auch eine heilsame Energie zur Verfügung. Nimm die Realität an. Trete Schritt für Schritt in Kontakt, zuerst mit dir selbst, dann mit dem, was du tust. Verharre nicht im vorherigen Schritt, schweife nicht gedanklich in die Zukunft ab. Wenn du kochst, dann gehe achtsam mit dem Gemüse und den Werkzeugen um, in der Handlung, wie in der klaren Präsenz. Bewusstes und sinnliches Erleben und Sein.

Halte dein Umfeld „sauber"

Selbstliebe ist auch Selbsthygiene. Das fängt bei dir selbst an.

Wenn dir etwas an dir auffällt, was du als nicht stimmig empfindest, schreibe es auf. Auch wenn du es nicht sofort bearbeitest. Aber verdränge es nicht einfach. Vermeide es, dich zu belügen. Eines Tages wirst du dir deine Lügen glauben und die Wahrheit vergessen. Das ist der Tag, an dem du den Schlüssel zur Wahrheit und zur Freiheit verlierst. Dann leidest du und weißt nicht warum.

- Nimm dir immer wieder Zeit, deine Liebe zu dir selbst zu festigen und zu untermauern. Baue dir nach und nach das Leben, das dir gefällt.
- Befreie dich von Tätigkeiten, die du überhaupt nicht magst. Gib sie ab an andere, die das mögen.
- Und die Tätigkeiten, die du nicht abgeben kannst, die aber getan werden müssen, mache mit Freude.
- Halte Ordnung. Unordnung überträgt sich auf deinen Geist.
- Halte dich von toxischen Menschen fern! Ich kann es nicht oft genug sagen. Toxische Menschen sind wie Gift im
Wasser. Ein wenig reicht, um dich und dein Leben krankzumachen.

- Halte sie soweit auf Abstand, wie dies möglich und nötig ist. Lasse sie nicht innerlich an dich heran. Habe ein Grundmitgefühl für diese Menschen, aber nicht zu viel, sonst wirst du dich durch ihre Tricks verlieren.

Weil ich es für so wichtig erachte, dass du diese toxischen Menschen erkennst, gebe ich dir noch 11 Merkmale an die Hand:

1. Sie sind tief in ihrem Inneren sehr unsicher, was sie durch übertriebenes Zurschaustellen ihres Selbstbewusstseins zu verbergen versuchen.
2. Sie fühlen sich durch Kritik schnell gekränkt.
3. Sie haben wenig Mitgefühl/Empathie.
4. Sie reflektieren ihr eigenes Verhalten nicht realistisch.
5. Aus dem Grund haben sie eine verzerrte Wahrnehmung der Wirklichkeit.
6. Deshalb messen sie auch mit zweierlei Maß. Was sie tun, dürfen andere noch lange nicht.
7. Sie nehmen sehr wenig Rücksicht auf die Bedürfnisse oder Grenzen anderer Menschen.
8. Sie benutzen andere Menschen für ihre eigenen Zwecke.
9. Sie drängen sich gern in den Vordergrund.
10. Sie haben eine niedrige Frustrationstoleranz.
11. Sie widersprechen sich ständig. Ihre Handlungen entsprechen nicht ihren Worten und umgekehrt. Oft nimmt man diese Ambivalenz schon in einer einzigen Aussage wahr.

Zeigt ein Mensch eines der Merkmale, so ist dies noch nicht grundsätzlich pathologisch. Es können leichte Aspektierungen vorhanden sein, die jeder phasenweise mal in sich trägt. Treffen aber 5 Punkte davon zu, dann würde ich diesen Menschen gegenüber zur Vorsicht raten.

Narzissten und Histrioniker, genau wie Sadisten, sind Menschen mit geringem Selbstwert. Auch wenn es im ersten Augenblick so scheint: Sie haben nicht zu viel Selbstwertgefühl, sondern zu wenig. Sie fühlen sich zutiefst bedeutungslos und unsicher. Das ist aber kein Grund, sie zu bemitleiden oder ihnen zu viel Mitgefühl zu schenken. Denn es ist ihre Masche, Menschen damit zu ködern, dass sie ja eine schlechte Kindheit gehabt hätten, nie genug Aufmerksamkeit und Liebe bekämen. Du wirst sie durch keine Liebe der Welt ändern! Im Gegenteil, ihr Limbisches System (das Belohnungssystem im Gehirn) sieht sich eher belohnt für das schlechte Verhalten, und ihr Ego wird größer, während das Selbstwertgefühl weiter sinkt.

Sie haben ja selbst die Wahl in Therapie zu gehen und sich mit ihren inneren Schatten zu konfrontieren. Sie wollen nicht therapiert werden, weil ihr Verhalten rentabel für sie ist. Vielleicht denkst du jetzt: Großes Ego, viel Anerkennung – das will ich auch. Aber es wäre keine gute Lebensentscheidung. Du würdest dich um das wichtigste berauben, was du erlangen kannst: innere geistige Freiheit und Liebe zu dir selbst, zu allem und allen.

Spiele nicht mit diesen Menschen. Sie haben mehr Erfahrungen mit diesem Spiel. Du kannst nur verlieren. Meide sie einfach, soweit dies möglich ist, und zeige dich nicht in deiner Verletzlichkeit.

Du findest auch noch mehr zu dem Thema Narzissmus und toxische Menschen auf meiner Blog-Seite und in meinen Videos dazu.

Halte dein Umfeld auch von anderen Menschen sauber, die dir nicht guttun wollen.

ABSCHLIESSENDE WORTE

In diesem Buch hast du nun einen sehr umfangreichen Überblick darüber erhalten, was du benötigst, um ein Leben in Selbstliebe zu führen. Insofern du es mehrfach liest und wirklich alle Punkte durcharbeitest, wirst du spüren, dass dein Selbstbewusstsein und dein Selbstwertgefühl deutlich steigen. Damit dies so bleibt und deine Selbstliebe weiter gefestigt wird, ist es nötig, dass du die empfohlenen Übungen und Techniken wirklich diszipliniert in deinen Alltag integrierst. Denn durch reines Lesen wird sich nichts ändern. Viele Themen habe ich hier nur angerissen. Ich habe viele Fragen gestellt, die dir helfen sollen, etwas hinter deine Muster und Glaubenssätze zu schauen. Wenn dich das angeregt hat, weiter zu forschen, oder du mehr über diese Wissensgebiete erfahren möchtest, dann besuche gern meine Webseite, schau dir meine Videos und Webinare an. Du wirst dort weitere Informationen und Möglichkeiten finden, an deinem Thema zu arbeiten. Die Adressen dazu habe ich dir weiter unten verlinkt.

Für den Fall, dass du dich entschieden hast, das Buch nur zu überfliegen und es nicht regelmäßig mit einem Arbeitsbuch durchzuarbeiten, wird sich vermutlich nicht viel in deinem Leben ändern. Bitte mache dann nicht das Buch oder andere dafür verantwortlich. Mein Anliegen ist es, dich aus der Untätigkeit und den negativen Mustern deines Lebens aktiv herauszuholen.

Bleibe achtsam mit dir und beobachte dich. Bleib offen für Veränderung. Und steh wieder auf, wenn du fällst. Höre nicht auf, an dir zu arbeiten. Du putzt dir ja auch nicht nur eine Weile die Zähne und hoffst dann darauf, dass sie sich zukünftig von allein sauber halten. Betrachte deine Seelenhygiene genauso wie deine Körperhygiene als einen Teil deiner täglichen Pflege. So übst du den liebevollen und achtsamen Umgang mit dir selbst jeden Tag.

Tägliches Kümmern um dich selbst ist ein Zeichen für deine Selbstliebe.

Sie erhält den ewigen Fluss der Liebe zu dir. Sie wird sich bald in deinem Leben widerspiegeln. In Form von guten sozialen Beziehungen. Auch in Form von erfüllenden Jobs und Hobbys wird diese Energie zu dir zurückfließen. Du wirst einen bleibenden Eindruck in der Welt hinterlassen. Nichts wird so sein, wie es war, bevor du in das Leben anderer Menschen getreten bist. Aber du entscheidest durch die achtsame Wahl deines Auftrittes, deiner Ausstrahlung und deines Handelns, welchen Eindruck du bei ihnen hinterlässt. Die Menschen werden es dir gleichtun, wenn sie die heilende Kraft spüren. Du wirst sehen, wie deine Umgebung sich durch dich positiv verändert. Manche werden es ganz bewusst wahrnehmen und auch so leben wollen. Sie werden dir vielleicht mal offensichtlicher und mal weniger offensichtlich folgen oder versuchen, das Gleiche für sich umzusetzen. Andere werden den Einfluss nicht bewusst wahrnehmen und es für eine eigene Erkenntnis (Reaktanz) halten.

Das Wie ist nicht wichtig. Aber du wirst spüren, dass durch dich etwas geschieht und in die Welt kommt, was höchst anstrebenswert ist. Nämlich ein würdevolleres Miteinander, was getragen ist, von mehr Wir-Denkern. Wenn es etwas gibt, wovon du immer geträumt hast, dann war das vielleicht das?

Lebe glücklich und erlebe andere dadurch ebenso glücklich. Du hast nun einen perfekten Leitfaden an der Hand, mit allen Regeln und Informationen, die du brauchst, um deine Selbstliebe eigenständig zu entwickeln. Das war mir ein großes Anliegen.

Gern würde ich dich auch weiter in deinem Prozess unterstützen. Weitere Bücher über Liebe, Selbstliebe, Partnerschaft und Persönlichkeitsentwicklung wie auch Webinare und Videos zu dem Thema sind geplant.

Besuche mich doch auch auf Facebook, Twitter, Instagram, YouTube und auf meiner Website:

https://www.life-coach-ranke.de/

Auch kannst du dich in meinen Newsletter eintragen, um immer die aktuellsten Neuerscheinungen direkt von mir zu erhalten. So manches Angebot oder Geschenk während der Aktionstage kannst du so ergattern.

Bei Facebook habe ich eine Gruppe gegründet mit dem Namen:

Mindset, Persönlichkeits-, Selbstentwicklung - Free your life-Arbeitsgruppe. Gib es in das Suchfeld bei Facebook ein oder verwende den Link, dann wirst du direkt dorthin geleitet:

https://www.facebook.com/groups/selbstentwicklung/

Ich freue mich sehr, wenn du mit dabei bist!

Wenn es dir gefallen hat, freue ich mich über positive Kommentare und vielleicht magst du es weiterempfehlen? Sicher kennst du andere, die auch gerne lernen möchten, sich selbst zu lieben und ihr Selbstwertgefühl zu stärken.

Solltest du Anmerkungen oder Ideen zu dem Thema haben, dann schreib mir doch direkt an meine E-Mail-Adresse:

info@life-coach-ranke.de

Mein Bestreben ist es, den Menschen zu zeigen, wie sie ihr Leben leichter und glücklicher gestalten können. Deshalb freue ich mich über Inspirationen von dir.

Welche Themen würdest du dir noch für ein Buch oder als Video/Webinar wünschen?

Das Projekt wächst mit dir und deinen Gedanken. Und darauf freue ich mich schon sehr.

ÜBER DIE AUTORIN

 Nicole Susann Ranke ist Life Coach, Supervisorin, Mediatorin, Weisheits- und Achtsamkeitslehrerin und Beziehungscoach. Hochempathisch unterstützt sie Menschen seit 1989 auf ihrem Lebensweg. Sie macht Muster und Blockaden durch geführte Erkenntnisprozesse mit zielsicherer Genauigkeit sichtbar. Mit einer sehr großen und komplexen Anzahl ihrer selbst entwickelten und bewährten Coachingtechniken können diese Hindernisse verstanden werden und in Heilung gehen. Geistig seelische Freiheit und gelebte Liebe werden jetzt endlich möglich. Tiefe innere Zufriedenheit durch innerlich erlebtes Glück, Leichtigkeit und Lebensfreude können ins Leben einkehren. Der Klient findet in seine innere Mitte und zieht somit auch andere wohlwollende Menschen, Glück und Erfolg an.

Seit 2005 bildet sie vorwiegend andere Coaches und Therapeuten aus und vermittelt ihre wertvollen Techniken, damit immer mehr Menschen davon profitieren können, einen individuellen Weg zu sich selbst und in die geistig, seelische Freiheit zu finden.

https://www.life-coach-ranke.de/

[1] Signaturenlehre ist die Lehre von den Heilmitteln, die besagt, dass die Form der z. B. Pflanze Rückschlüsse auf das Organ zulässt, was sie heilen kann. Z. B. die Walnuss sieht aus wie ein Gehirn und wirkt hier dementsprechend heilsam. Dem liegt der Glaube zugrunde, dass Mikro- und Makrokosmos untrennbar miteinander verbunden sind.

[2] Glaubenssätze sind angelernte Sätze, die du gehört und für wahr befunden hast, die dann automatisiert in dir als deine eigenen Annahmen wiederauftauchen. Später folgt noch ein Kapitel über Glaubenssätze, wo ich näher darauf eingehe.

[3] Gerald Hüther: Bedienungsanleitung für ein menschliches Gehirn (Deutsch) Taschenbuch – 9. Dezember 2010.

[4] Byron Katie/Stephan Mitchell: A Mind at Home with Itself. Living the revolutionary Process called „The Work".
HarperOne. Reprint 19. September 2017.

[5] „Affekt wird sowohl als Bezeichnung für jede Art von Emotionen als auch einschränkend für besonders intensive Emotionen bei gleichzeitig herabgesetzter rationaler Einflussnahme verwendet. Die letztere Bedeutung ist die gebräuchlichere. In diesem Sinne spricht man z. B. von Affekthandlungen, die durch einen plötzlichen, rational unkontrollierten Gefühlsausbruch verursacht werden" (Köck & Ott, 1994, S. 14). (Stangl, 2020).
Verwendete Literatur: Stangl, W. (2020). Affekt. Werner Stangls Psychologie News.
WWW: https://psychologie-news.stangl.eu/77/affekt (2020-01-24).

[6] Meditation bedeutet im Sanskrit: dhyāna, Latein „medias","Medium" (Mitte) und ist eine Bewusstseinsübung der achtsamen Konzentration ohne Anstrengung. Es wird die Gedankenleere (Transzendenz) angestrebt.

[7] Kontemplation (Latein contemplatio "Anschauung" oder "Betrachtung") ist der eher gerichtete Blick auf etwas, um darüber tiefere Erkenntnisse zu gewinnen oder zu einer höheren Einsicht / Betrachtungsweise zu gelangen.

[8] https://www.dwds.de/wb/Angst

[9] Rainer Sachse: Persönlichkeitsstörungen. Leitfaden für die Psychologische Psychotherapie (Deutsch). Bern, Hogrefe. 3., aktualisierte und erweiterte Auflage 2019.